职业教育新能源汽车专业"互联网+"创新型教材

新能源汽车高压防护与安全操作

主　编　张　杨
副主编　张　静　张　科
参　编　温逸云　王婷婷　杨俊伟

机械工业出版社

本书共包括四个项目，分别是高压电气危害与应急处置、新能源汽车高压防护、新能源汽车高压系统认知和新能源汽车维修安全操作。每个项目由若干任务组成，每个任务包括任务描述、学习目标和相关知识三部分。

本书单独配有任务工单，方便进行实操训练。为了便于读者自主学习、提高学习效率，本书配备了二维码视频资源，可通过手机扫码观看。

本书配有电子课件、试卷及答案等，凡使用本书作为教材的教师均可登录机械工业出版社教育服务网（www.cmpedu.com）注册后免费下载。咨询电话：010-88379375。

本书可作为职业院校新能源汽车技术和汽车检测与维修技术专业及相关专业的教学用书，也可作为新能源汽车企业的内部培训教材和新能源汽车从业人员的学习参考书。

图书在版编目（CIP）数据

新能源汽车高压防护与安全操作/张杨主编. —北京：机械工业出版社，2022.12（2025.6重印）

职业教育新能源汽车专业"互联网+"创新型教材

ISBN 978-7-111-72196-3

Ⅰ.①新… Ⅱ.①张… Ⅲ.①新能源-汽车-高电压-安全技术-高等职业教育-教材 Ⅳ.①U469.7

中国版本图书馆CIP数据核字（2022）第231886号

机械工业出版社（北京市百万庄大街22号　邮政编码100037）
策划编辑：葛晓慧　　　　　　责任编辑：葛晓慧　张双国
责任校对：贾海霞　李　婷　　封面设计：王　旭
责任印制：李　昂
涿州市般润文化传播有限公司印刷
2025年6月第1版第4次印刷
210mm×285mm·7.25印张·192千字
标准书号：ISBN 978-7-111-72196-3
定价：38.00元

电话服务	网络服务
客服电话：010-88361066	机　工　官　网：www.cmpbook.com
010-88379833	机　工　官　博：weibo.com/cmp1952
010-68326294	金　书　网：www.golden-book.com
封底无防伪标均为盗版	机工教育服务网：www.cmpedu.com

前言

新能源汽车高压防护与安全操作

《〈中国制造 2025〉重点领域技术路线图（2015 年版）》明确提出，纯电动汽车、插电式混合动力汽车和燃料电池汽车是我国在新能源汽车领域的重点发展方向。近年来，新能源汽车产业发展迅速，新能源汽车产、销量逐年攀升，而目前我国在节能与新能源汽车技术的人才培养方面存在巨大缺口。编者在深入调研的基础上，编写了本书。

本书依据教育部颁布的专业教学标准中课程的主要教学内容和要求，结合职业技能等级证书的职业标准安排内容，所涉及的工作任务紧扣工作需要，合理地设置理论教学和技能训练的环节，实现"教、学、做"合一，增强了教材的实用性。本书打破传统的知识体系，以"必需、够用"为原则，将理论、原理知识点化，知识点任务化、案例化，体现"学中做"和"做中学"，使学生在做中发现规律、获取知识。

本书编写采用学习任务导入模式，任务多以企业一线的案例作为引子，增强了学习内容的融入感。本书以近年来针对中、高职学生开展的国家级（包括教育部、交通运输部、人社部等）新能源汽车维修赛项所使用吉利和比亚迪的纯电动汽车主流车型作为参考，对新能源汽车高压防护与安全操作进行了全方位的讲解。另外，本书单独配备任务工单，任务工单对应每个学习任务。每个任务工单以任务说明、任务准备、任务实施、任务评价为主线，结合理论内容进行实践操作，形成理实一体化的教学模式。

本书共包括四个项目，分别是高压电气危害与应急处置、新能源汽车高压防护、新能源汽车高压系统认知和新能源汽车维修安全操作。每个项目由若干任务组成，每个任务包括任务描述、学习目标和相关知识三部分。

本书由重庆工业职业技术学院张杨担任主编，张静、张科担任副主编，温逸云、王婷婷、杨俊伟参与编写。具体编写分工如下：项目一由张杨、温逸云编写，项目二由张静编写，项目三由张杨、杨俊伟编写，项目四由张科、王婷婷编写。

在本书的编写过程中，编者参考、引用了国内、外出版物中的相关资料以及网络资源，在此对这些资料的作者表示诚挚的谢意。

由于编者水平有限，书中难免存在错误或不妥之处，恳请广大读者批评指正。

编　者

二维码索引

新能源汽车高压防护与安全操作

名称	图形	页码	名称	图形	页码
单相触电、两相触电		6	TT 系统保护接地		31
个人安全防护措施		15	吉利帝豪 EV450 高压部件安装位置与识别		32
新能源防护用品的认知		15	动力蓄电池组成与结构		37
数字式万用表的使用		24	认知吉利 EV450 高压电控总成		39
钳形电流表的使用		25	车载充电机		39
绝缘电阻测试仪的使用		27	电机控制系统组成		40
IT 系统保护接地		30	PTC 加热器结构		41
TN-C-S 低压配电系统		30	电动压缩机的结构与原理		41

（续）

名称	图形	页码	名称	图形	页码
空调制冷系统组成与原理		42	直流充电口的认知		46
高压线束的内部结构		42	交流充电口的认知		46
维修开关功用与原理		44	高压互锁		62

目 录

前言
二维码索引

项目一　高压电气危害与应急处置 ··· 1
学习任务一　高压电气危害认知 ·· 1
学习任务二　高压电气事故应急处置 ·· 7

项目二　新能源汽车高压防护 ··· 15
学习任务一　防护用具与绝缘工具使用 ·· 15
学习任务二　高压电路测量设备使用 ·· 23

项目三　新能源汽车高压系统认知 ··· 30
学习任务一　新能源汽车电气架构认识 ·· 30
学习任务二　新能源汽车高压部件与高压线束认知 ································ 36
学习任务三　新能源汽车高压断电验电操作 ······································ 47

项目四　新能源汽车维修安全操作 ··· 53
学习任务一　新能源汽车维修规范认知 ·· 53
学习任务二　纯电动汽车高压系统绝缘检测 ······································ 57
学习任务三　纯电动汽车高压互锁系统检测 ······································ 61
学习任务四　混合动力汽车安全操作 ·· 68

参考文献 ·· 72

任务工单

项目一 高压电气危害与应急处置

学习任务一 高压电气危害认知

📋 任务描述

小王所在的 4S 店新招聘了一批新能源汽车维修学徒工，作为店里安全操作的模范代表，小王被安排给新来的学徒工们培训新能源汽车相关的电学知识，以及高压电气对维修人员的危害。小王该如何设计这次的培训内容？

📚 学习目标

1）能正确理解电学参数的基本概念。
2）能正确理解电路及元件的基本概念。
3）能正确认知新能源汽车的高压电气危害。
4）能牢记新能汽车操作的安全电压限值。

🔄 相关知识

一、电学基础理论认知

自然界的物质都由原子组成，原子由带正电荷的质子、带负电荷的电子以及不带电的中子组成，如图 1-1-1 所示。在常态下，质子、中子和电子在原子力的作用下紧密结合在一起，由于电子与质子的数量相等，因此整个原子对外呈中性。

当有外部能量（如热、光或化学过程）作用到电子上的时候，电子就会摆脱原子力的束缚，形成可以在不同原子间移动的自由电子。自由电子从一个原子移动到另一个原子时称为电现象。常见的电现象有自然界中的闪电（图 1-1-2）和中学物理实验提到的"丝绸摩擦的玻璃棒会吸附起桌面的小纸屑"。

（一）电学基本概念

1. 电路

电路是指由电源（如电池、发电机）、用电器（如灯泡、电动机）、开关以及导线组成的回路。通过开关

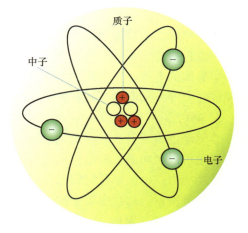

图 1-1-1 原子的组成

可以控制电路的闭合或断开，如图1-1-3所示。

图1-1-2 闪电

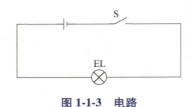

图1-1-3 电路

2. 电压

当正电荷与负电荷分别位于不同两侧时，正电荷的一侧会缺少电子，而负电荷的一侧则电子过剩，此时正、负电荷两侧便会产生电位差。当正、负电荷两侧连接起来时，电子会在电位差的作用下由负极流向正极，从而自发地完成电子补偿。电压是指电路中两点间的电位差，用来衡量电子补偿趋势的强弱（电压越高则电子补偿趋势越强）。电压用 U 表示，单位是伏特（V）。

3. 电流

电路闭合时，电源所施加的电压会促使电路中所有的自由电子同时朝一个方向移动，从而形成电能的流动。流动的强度通常用单位时间内流经任一截面积的电子数量来表示，俗称电流。电流值越大，单位时间内流经导体的电子越多，电能的流动强度就越大。电流用 I 表示，单位是安培（A）。

4. 电阻

在电能流动的过程中，自由电子会与原子相撞，使电子流动受到干扰，从而限制电路的电子流通量。通常用电阻来表示物质对电流阻碍作用的大小，电阻越大，表示对电子流通的阻碍作用越大。当电压一定时，电阻越小，电子流通量越大。电阻是物质本身的一种特性，与物质本身的材料、形状、体积以及周围环境等因素有关。电阻用 R 表示，单位是欧姆（Ω）。

在电工学中通常还会用到电阻的倒数，称为电导。电导用 G 表示，单位是西门子（S）。根据材料的电导可将其分为导体、绝缘体和半导体。

导体内的电子很容易脱离原子，形成自由电子，并在原子核构成的晶格内自由移动，从而完成电能的传导。绝大部分金属和石墨是最常见的导体，在极低温度下，某些金属合金会转化为电阻为零的"超导体"。

绝缘体内自由电荷载体的数量为零，因此电导也极低。通常使用绝缘体或绝缘材料使电导体间相互绝缘。非导体包括塑料、橡胶、玻璃、陶瓷、纸等固体以及纯水（H_2O）、油和油脂等液体，也包括特定条件下的真空和气体。

半导体的电导介于金属和绝缘体之间。半导体与导体的区别在于，电子只有在压力、温度、光照或磁力等外部影响下被释放出来后才具有导电性。半导体材料包括硅、锗和硒等。

5. 电功率

给驱动电机通电后，驱动电机就会高速旋转起来，从而驱动新能源汽车向前行驶，由此可见电能是可以做功的。即电流通过驱动电机做功，从而将电能转换为机械能。不同的电器有不同的做功能力。电流单位时间内所做的功的多少称为电功率。电功率的大小跟电流的大小、电压的高低有关系。加在电器上的电压越高、通过的电流越大，电功率越大。电功率通常用 P 表示，单位是瓦特（W）。

电气设备能长时间正常工作的最大电压称为额定电压，额定电压下工作的电流称为额定电流，额定电压与额定电流的乘积称为额定功率。

6. 直流电和交流电

电压不发生变化的电流称为直流电（DC）。直流电在时间域上的波形为一条水平的直线，如图 1-1-4 所示。常见的干电池、车载 12V 低压蓄电池所发出的电流就是直流电。

电压的大小及方向随时间按正弦规律做周期性变化（图 1-1-5）的电流称为交流电（AC）。交流电在一个周期内的平均电压为零，通常用电压幅值/$\sqrt{2}$ 的比值表示交流电的有效电压。日常生活中的 220V 民用电就是交流电。

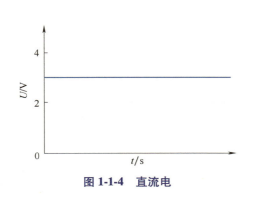

图 1-1-4　直流电 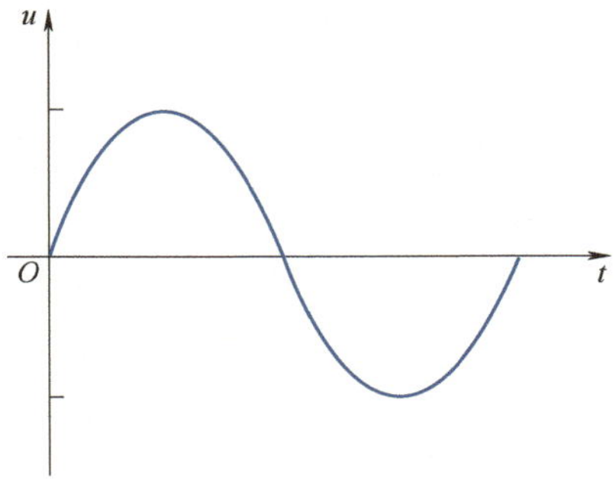　　　　　　　图 1-1-5　交流电

7. 三相电源

由 3 个频率相同、振幅相等、相位依次互差 120° 的交流电组成的电源称为三相电源。大部分的 380V 工业用电都是采用的三相电源。三相电采用三相四线制，由 3 根相线和 1 根中性线组成，如图 1-1-6 所示。三相电具有以下特点：

1）3 根相线中任意两根之间的电压称为线电压。

2）3 根相线中任意一根和中性线之间的电压称为相电压。

3）线电压为 $\sqrt{3}$ 倍相电压，一般相电压为 220V，所以线电压为 380V。

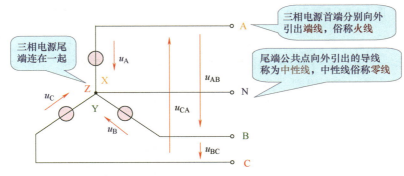

图 1-1-6　三相电示意图

8. 接地

为防止电气设备金属外壳带电导致触电，同时有效保护电气设备本身，通常会将电气设备外壳接地，利用大地作为电流回流路径，保证人员和设备安全。接地的常用操作方式是将设备金属外壳、设备中性点、支架等通过导体连接大地。接地符号如图 1-1-7 所示。

图 1-1-7　接地符号

（二）电路和欧姆定律

1. 欧姆定律

在同一电路中，通过导体的电流跟该段导体两端的电压成正比，跟该段导体的电阻成反比。

可以理解为：当电阻一定时，电流随电压的增大而增大；当电压一定时，电流随电阻的增大而减小。

电压、电流和电阻在电路中的相互关系可以用欧姆定律来表示：电压＝电流×电阻。欧姆定律是最重要的电工学定律之一，它描述了电压、电流和电阻之间的关系。在已知其中的两个参数后，可以利用欧姆定律计算出另一个参数。

2. 串联电路

电路中各元件逐个按顺序连接起来的电路称为串联电路，如图 1-1-8 所示，串联电路具有以下特点：

1）在串联电路中，流过各元件的电流大小相等。
2）串联电路的总电压等于电路中各元件两端电压之和。
3）串联电路的总电阻等于电路中各元件电阻之和。

3. 并联电路

电路中各元件并排连接的电路连接方式称为并联电路，如图 1-1-9 所示。并联电路具有以下特点：

1）所有并联在一起的电路元件的两端电压都相等。
2）流过并联电路的总电流等于流过各分支电流之和。
3）并联电路的总电阻值小于最小单个元件的电阻值。

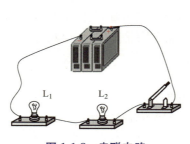

图 1-1-8　串联电路

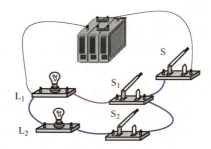

图 1-1-9　并联电路

（三）电路中的储能元件

在常见的电路元件中，除了电源、开关、电阻（用电器）和导线外，为了实现滤波、补偿、耦合、变流等功能，通常还会用到一些储能元件。这些储能元件的存在，会使得开关断开后电路中仍然存在电压差并对外放电。常见的储能元件主要包括电容器和电感器。

1. 电容器

两个相互靠近的导体，中间夹一层不导电的绝缘介质，就构成了电容器，如图 1-1-10 所示。当电容器的两个极板之间加上电压时，电容器就会储存电荷。电容器的电容量（称为电容）在数值上等于一个导电极板上的电荷量与两个极板之间的电压之比。电容器在电路图中通常用 C 表示，电容的单位是法拉（F）。

图 1-1-10　电容器符号及实物

在直流电路中，电容器是基本相当于断路的，除非超过电容器临界电压将电容器击穿。在交流电路中，因为电流的方向是随时间呈一定的函数关系变化的，而电容器充放电的过程也会在极板间形成变化的电场，所以交流电流可通过电场的形式在电容器间通过。

2. 电感器

电感器是能够把电能转化为磁能而存储起来的元件。如图 1-1-11 所示，电感器的结构类似于变压器，但只有一个绕组。电感器具有一定的电感，它只阻碍电流的变化。在没有电流通过的状态下，电路接通时电感器将试图阻碍电流流过它；在有电流通过的状态下，电路断开时电感器将试图维持电流不变。电感器在电路图中通常用 L 表示，单位是亨特（H）。

图 1-1-11　电感器符号及实物

二、安全电压与高压危害

（一）安全电压

国家标准对电气设备电压的高低进行了区分，工作电压高于1000V的电气设备称为高压电气设备，工作电压低于1000V的电气设备称为低压电气设备。新能源汽车动力蓄电池的工作电压通常为 300~800V，均属于低压电气设备。

需要注意的是：在汽车领域内，通常将由12V蓄电池提供能量的电气设备称为低压电气设备，而将新能源汽车动力蓄电池供能的电气设备称为高压电气设备，这与国家标准的电压划分方法是有所不同的。

新能源汽车会有高压电，这对人体会产生伤害。无论是研发、生产，还是售后技术人员，如果没有正确认识新能源汽车具有的高压风险，会导致严重的高压伤害。

安全电压又称为安全特低电压，指即使加在人体上也不会对人体造成损害的电压范围值。在通常生产中认为：人体接触到36V以上的交流电或者60V以上的直流电时，可能会发生触电事故。但实际上这个值并不准确，人所处的环境（潮湿或干燥）、人体间的个体差异（胖或瘦）都会导致人体的电阻值有差异。

大量研究表明，触电事故伤害人体的元凶不是电压，而是电压作用在人体上产生的电流。当电压高到一定值时就会有电流通过人体。当流过人体的电流大约为5mA时，人体会产生麻木感；当通过人体的电流达到10mA时，人体神经系统促使肌肉开始收缩，电流在人体停留时间会变长；当通过人体的电流达到50mA时，就会导致人呼吸停止以及心室纤维性颤动；当通过人体的电流达到80mA时，可认为电流能致人死亡。图1-1-12所示为电流强度对人体随时间的伤害程度示意。

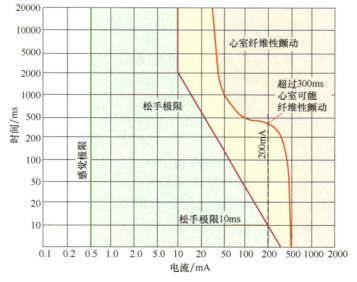

图 1-1-12　电流强度对人体随时间的伤害程度示意

交流电对人体的损害作用比直流电大，不同频率的交流电对人体影响也不同。人体对工频交流电要比直流电敏感得多，接触直流电时，其强度达250mA也可能不会引起特殊的损伤，而接触50Hz交流电时只要有50mA的电流通过人体，如持续数十秒，便可引起心脏心室纤维性颤动,导致死亡。交流电中 28~300Hz 的电流对人体损害最大,极易引起心室纤维性颤动,20000Hz 以上的交流电对人体影响较小,通常作为理疗之用。平时采用的工频交流电源为 50Hz,从电气设备设计角度是比较合理的,但对人体损害是较严重的。

人体导电的主要原因是血液含有电解液成分,电解液成分导致了导电性,而人体的皮肤、肌肉也具有一定的导电能力。对于大多数人,整个身体的总电阻值是很低的,特别是有主动脉的地方(胸腔部位和躯干),而最大的危险发生在电流通过人体心脏时刺激心脏产生的异常颤振。

新能源汽车的电压范围一般为 300~800V,远高于国家规定的安全电压值,因此在进行新能源汽车相关实训时,需做好相关的绝缘防护。

(二)高电压对人体的危害

人们对电的危害的认识主要体现在电气事故上。电气事故可以按不同的方式进行分类,按灾害形式分类有人身事故、设备事故、火灾事故和爆炸事故等;按电路状况分类有短路事故、断路事故、接地事故、漏洞事故等。

事故是由外部能量作用于人体或系统内能量传递发生故障造成的,所以能量是造成事故的基本因素。从能量角度出发,电气事故大致分为以下几类。

1. 触电

触电是指电流通过人体并破坏人体器官和神经系统。电流流过胸腔会导致肺部痉挛,流过心脏会引起心室纤维性颤动,使心脏无法进行收缩扩张运动,导致人体的呼吸和心跳停止而危及生命。

电流通过人体时会产生热电效应、电生理效应、电火花等,如果电流足够大,就会导致烧伤和高温焦化,对人体组织产生广泛损伤。烧伤有可能在身体的表面,如手和胳膊,也有可能在人体内部,对内脏造成伤害。此外,电击过后神经系统对身体控制减弱,也容易造成高处摔伤等。

按照人体触及带电体的方式和电流通过人体的途径,触电通常分为直接触电和间接触电。直接触电是指因人体直接接触或过分靠近正常运行的带电体而受到电击。直接触电的形式有:单相触电(相与大地)、相线中性线触电和两相触电。

1)当人体直接碰触带电体其中的一相时,电流通过人体流入大地,这种触电现象称为单相触电,如图 1-1-13 所示。对于高压带电体,人体虽未直接接触,但由于超过了安全距离,高电压对人体放电造成单相接地而引起的触电也属于单相触电。

图 1-1-13 单相触电

2)人体同时接触带电设备或线路中的两相导体,或人体同时接近高压系统中不同相的两相带电导体而发生电弧放电,电流从一根相线通过人体流入另一根相线,构成一个闭合回路,这种触电方式称为两相触电,如图 1-1-14 所示。

图 1-1-14 两相触电

3)相线中性线触电是指触电者的人体同时与一根相线和一根中性线接触,电流从相线经过人体流至中性线,施加于人体的电压为相电压。

在正常运行情况下,电器的金属外壳有绝缘物的隔绝,人碰触并不危险。但如果绝缘物损坏导致漏电使本来不带电的物体带电,此时人体接触到这些物体就会导致触电。这种情况称为间接触电。

此外，静电会给人体带来一定的危害。人体产生的静电干扰可以改变人体体表的正常电位差，影响心肌正常的电生理过程及心电在无干扰下的正常传导。这种静电能使病人加重病情或诱发早搏等，持久的静电还会使血液的碱性升高，导致血清中的钙含量下降，造成钙的排泄增加，从而引起皮肤瘙痒、色素沉着，影响人的机体生理平衡、干扰人的情绪等。老年人更容易受静电的影响而引发心血管疾病。

在新能源汽车维护与维修过程中，更容易发生间接触电，尤其是当车载高压部件发生故障时，触电风险将显著提高。同时，如果断电后电容、电感等储能元件放电时间不足，放电不充分时，会造成原本断开的电路依然带电，此时接触电路可能造成直接触电。

2. 燃烧

电流在正常使用过程中会产生热，导线或者机器过热、通风不良就会使热量积蓄，发生火灾。为了解决这个问题，一些电器就要降温，如新能源汽车的动力蓄电池都配有冷却系统。导线有自己承受的能力，超过它的用电能力，导线就会过度发热，甚至引起电器起火，为了避免这种危险，新能源汽车的电路中都会安装熔断器，危险时熔断器会先熔断，断开回路从而保证安全。火灾的危害如图1-1-15所示。

图1-1-15　火灾的危害

3. 辐射

继大气污染、水污染和噪声污染之后，电磁辐射已成为"第四污染源"。来自计算机、电视、手机、B超、微波炉、电磁灶、电热毯、电冰箱、空调机等的电磁辐射都会对人体产生危害。对于新能源汽车而言，其电磁辐射主要来自动力蓄电池，随着蓄电池密封技术的不断提高，动力蓄电池的电磁辐射几乎可以忽略。一旦发现动力蓄电池密封失效或漏液，不应再对车辆进行通电操作，应交给专业人员处理。

学习任务二　高压电气事故应急处置

任务描述

小陈是某品牌新能源汽车4S店的资深维修技师，最近店里新来了一名新能源汽车维修学徒工，一次工作中因为违反操作规定导致发生了触电事故。正在隔壁工位操作的小陈第一时间来到现场，组织人员进行应急处理。小陈该如何对触电人员进行救助呢？

学习目标

1）能正确实施触电解救的步骤和措施。
2）能正确实施事故人员的急救措施。
3）能正确实施电气火灾的救助措施。
4）能正确讲述事故车辆的处置方法。

相关知识

一、高压触电急救

新能源汽车的电气系统涉及的电压范围为12～800V，无论研发、测试、生产和售后等环节都有可能产生触电伤害事故，所以，学习高压电气触电的急救知识十分必要。触电施救的步骤和措施如图 1-2-1 所示。

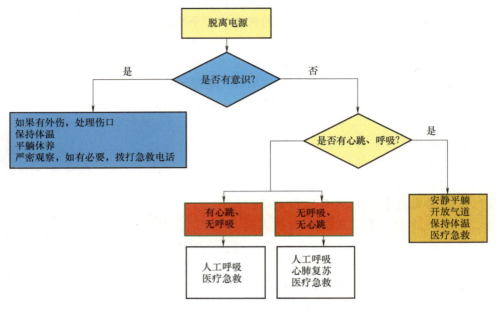

图 1-2-1　触电施救的步骤和措施

（一）触电解救

在发生触电事故后，援助触电受伤人员时首先要保证营救人员自身的安全。禁止用手直接触碰仍与电源相连的人员，正确的做法是立即将相关电气系统的电源关闭。在无法立即关闭电源的情况下，应用绝缘物体（橡胶棍、绝缘手套、干木棍等）把触电人员和事故电气设备分开，如图 1-2-2 所示。

在新能源汽车维护、维修和测试过程中发生触电事故时，需要使用绝缘勾、戴上绝缘手套将触电人员与电源分离。如果触电人员由于电流作用导致肌肉痉挛或者失去知觉等原因而紧抓带电体，使触电人员难以摆脱电源时，首要步骤是切断电源。

当解救触电者脱离电源后，施救人员需要根据伤者的实际情况进行对症救护。研究表明在人员触电后 1min 内进行有效的治疗，治疗率可达 90%；而超过 12min 开始进行救治，基本无救活可能。触电人员常见有 4 种症状，施救者可以根据正确症状予以救治。

图 1-2-2　脱离电源

1）四肢麻木，心慌乏力，神志清醒。对此类人员施救，可将其放到清凉通风处，让其慢慢自然恢复。

2）呼吸极其微弱或者停止，但有心跳。对此类人员施救时，需采用口对口人工呼吸法进行救治。

3）有呼吸，但无心跳或心跳极微弱。对此类人员施救时，应采用人工胸外心脏按压法来恢复其心跳。

4）心跳、呼吸均停止。此类人员情况最为危险，抢救难度极大，应同时使用人工呼吸法和人工胸外心脏按压法。

（二）心肺复苏

1. 心肺复苏实施要求

高压触电会造成触电人员短时间的呼吸和心脏骤停，及时对触电人员实施心肺复苏可以成功挽救大部分触电人员的生命。

心肺复苏是指对早期呼吸、心搏骤停者，通过采用口对口人工呼吸、人工胸外心脏按压和心脏电除颤等方法帮助其恢复自主呼吸和心跳。心肺复苏实施步骤如图 1-2-3 所示。

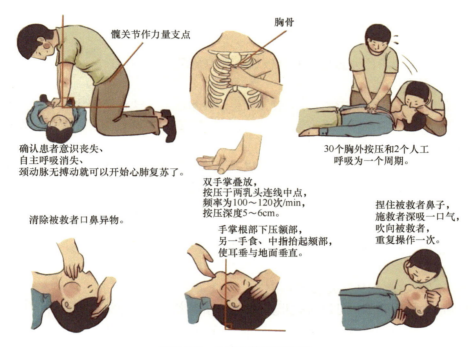

图 1-2-3 心肺复苏实施步骤

2. 胸外按压

对于心脏骤停者，应当立即实施胸外按压，以保持其人体器官的重要功能：
1）将被救者平放于硬质平面上，被救者头、颈、躯干呈直线，仰面向上。
2）按压胸骨中下 1/3 交界处或双乳头与前正中线交界处。
3）施救者按压时上半身前倾，双肩正对被救者胸骨上方，双手叠交，双臂绷直，以髋关节为按压接触点，借助上半身垂直向下的重力按压。每次抬起时，掌根不离开胸膛。
4）胸外按压频率约 100 次/min，每 2min 更换按压者，每次更换时间间隔小于 5s。

3. 开放气道与人工呼吸

开放气道前，检查颈部外表有无创伤、口中有无异物。用一只手打开被救者下颌，另一只手食指呈勾状将异物勾出。清理完异物后，在手指缠上纱布清理被救者口中唾液等分泌物。

1）仰头抬颌：用一只手压住被救者额头让其头部后仰，同时另一只手将被救者下颌向上抬起，使下颌尖和耳垂连线与地面垂直。
2）施救者先深吸一口气，然后口对口对被救者用力吹气。吹气后，听有无回气声，如有回气声，即表示气道通畅，可再吹气。吹完一口气后，要放松被救者鼻孔，让其"呼"气。这样一口一口地有规律地吹入，16~20 次/min。

（三）使用除颤仪救助

除颤仪是在极短暂的时间内给心脏通以强电流，消除心律失常，使心脏恢复窦性心律的一种器械，如图 1-2-4 所示。除颤器可分为非同步型和同步型两种，非同步型除颤仪一般用于心室颤动和扑动，同步型除颤仪用于心房颤动、扑动、室上性及室性心动过速等。

出现严重的触电事故需用除颤仪对伤者进行抢救时，应按如下步骤：

1）迅速检查除颤仪各部位按键、旋钮、电极板是否完好，电能是否充足。

2）使被救者平卧于硬质平面上，开放静脉通道，充分暴露胸壁。

3）迅速开启除颤仪，调试除颤仪，同时进行心电监护，检查患者心律。

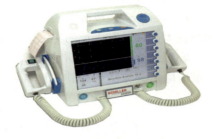

图 1-2-4　除颤仪

4）体重在 10kg 以下的儿童用小儿电极板，其他情况用成人电极板。

5）选择合适电极板并均匀涂抹导电胶，用生理盐水或清水纱布块清洁被救者除颤部位的皮肤，贴电极。贴负极处：左腋中线腋下 3 横指（心尖部）；贴正极处：右锁骨下胸骨右缘（心底部），如图 1-2-5 所示。

6）充电前嘱咐其他人员不得接触被救者以及与被救者相连接的仪器设备等以免触电，然后按下充电开关，屏幕显示到预定能量即为充满。充电完毕，将两个电极按电极上图示位置放在被救者皮肤处，并施以适当压力使电极板与被救者皮肤接触完好，双手大拇指同时按下电极板上的放电键。

7）除颤完毕，立即观察被救者心电图是否转复为窦性心律。如果室颤、室扑等持续出现，则复律失败，应重新充电，间隔一定时间后重复以上步骤。

8）操作完成后，将能量开关恢复至零位。

正确并及时地使用除颤仪可以有效提高被救者存活率，据统计每早 1 分钟使用除颤仪，被救者的存活率可以提高大约 10%。除颤时间与存活率的关系如图 1-2-6 所示。

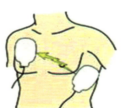

图 1-2-5　电极位置

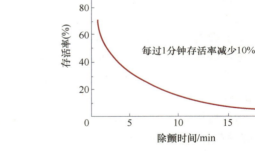

图 1-2-6　除颤时间与存活率的关系

二、电气火灾处置

（一）电气火灾

电气火灾是指由于电气线路、用电设备、器具以及供配电设备出现故障性释放的热能（如高温、电弧、电火花）以及非故障性释放的能量（如电热器具的炽热表面），在具备燃烧条件下引燃本体或其他可燃物而造成的火灾，如图 1-2-7 所示。

1. 新能源汽车电气火灾分类

日常的家用电器火灾类型主要包括漏电火灾、短路火灾、过负荷火灾、接触电阻过大导致

图 1-2-7　电气火灾

火灾、电火花和电弧引起火灾等。新能源汽车电气火灾按发生起火时其所处状态不同，可分为充电时起火、碰撞后起火、浸水后起火和停驶状态下起火 4 种，无论哪种起火情况，其主要原因是动力蓄电池热失控，最后出现起火或爆炸。

（1）充电时起火　新能源汽车在充电时起火是新能源汽车最常见的起火情况之一，主要是由于 BMS 监测失效下动力蓄电池出现过充引起的。

新能源汽车充电时，BMS 会根据所监测的蓄电池状态给出一个合理的充电方案，然后通过与充电桩的通信来控制充电条件。由于每个蓄电池单体内阻、自放电率、衰减率等具体参数发生波动，无法保持一致，虽然在成组前会对蓄电池单体进行分组，但随着使用时间的增长，蓄电池单体差异变大，BMS 对蓄电池的检测准确率会越来越低，最终导致 BMS 失效，从而造成动力蓄电池过充。

当过充发生时，正极材料内剩下的锂原子数量过少，导致蓄电池容量永久性下降。在负极端，锂原子饱和之后，继续充电会使锂金属堆积在负极材料表面形成树枝状结晶。久之，锂枝晶会穿破隔膜造成正、负极短路，热能释放。同时，过充时电解液等材料会裂解产生气体，氧气堆积在负极表面导致蓄电池起火。

（2）碰撞后起火　碰撞后起火是新能源汽车事故较多出现的情况之一。汽车在高速行驶时动量相当大，高速撞击导致汽车变形，从而蓄电池组相互挤压变形，最终损伤破裂与短路，造成蓄电池的局部热集聚，燃烧起火。同时，剧烈碰撞可能产生火花，在与电解液等可燃物质和氧气接触时极易燃烧。

对于三元锂离子蓄电池，碰撞后更容易起火，因为其热失控温度不足 200℃，而且三元材料在达到一定温度时会分解、释放出极活泼的初生态氧，即使在没有外界氧气供应的情况下，在蓄电池内部就"完整地具备"了燃烧三要素。

（3）停驶状态下起火　新能源汽车停驶时起火的可能原因有两个，一个原因是散热系统停止工作，但蓄电池热量并未完全散去，热量在局部集聚，从而导致高温，引起燃烧；另一个原因是受环境温度影响，由于蓄电池包往往安装在汽车的底部，高温天气下地面辐射的大量热量被蓄电池包吸收，长时间造成动力蓄电池热失控而导致动力蓄电池起火。对于第一种情况，可以在汽车停驶后不要立即熄火，让散热扇多运行一段时间，也可通过对蓄电池组增设主动散热装置来达到散热的目的；对于第二种情况，可在蓄电池包内部加一层隔热垫，不过这样蓄电池包的能量密度会稍有下降。

（4）浸水后起火　浸水后起火的原因跟新能源汽车所配置的动力蓄电池箱密封性有很大关

系。正常情况下，新能源汽车蓄电池包都是密封的，出厂产品需达到安全合格标准，但这些检测指标有限值，如果车辆浸泡时间过长，可能导致动力蓄电池箱渗水。浸水后会有水压压迫蓄电池包密封件；另外，雨水呈弱酸性并有大量杂质，会腐蚀密封件及高压插件，从而加速蓄电池包进水。

一般新能源汽车用动力蓄电池箱的防水等级为IP67及以上级别，即蓄电池底部到水面距离1m、顶部到水面距离0.15m状态下，可浸泡30min。所以在日常生活中的雨天涉水或者短时间浸水等使用场景下不会出现故障，但是若动力蓄电池箱的密封性未能达到防水要求或者动力蓄电池箱长时间浸水，则极易使蓄电池包进水，导致内部蓄电池单体短路引起蓄电池着火。

2. 新能源汽车电气火灾预防

（1）科学充电　多项试验证明，频繁地过充、过放会导致蓄电池的热稳定性变差，已有的数据也表明，19%的起火是在充电过程中发生的，而且很多行驶或者静态起火的新能源汽车也是处于刚充完电的状态。因此，一定要科学、正确地给新能源汽车充电。

首先，应选择合适的充电桩和原厂充电线，可以确保输出电流不大于车端需求电流，避免充电电流过大对新能源汽车蓄电池造成损害，因充电设施质量问题引发不必要的损失。

其次，应避免过充。大部分新能源汽车使用的三元锂离子蓄电池在过充时，负极附近会形成锂枝晶，这种物质能够击穿蓄电池内部的正、负极隔膜，引起短路起火。现在的新能源汽车一般都有蓄电池管理系统（BMS），可在蓄电池充满电时自动断充。

再次，应避免暴晒下充电。动力蓄电池对温度比较敏感，目前锂离子蓄电池的工作温度范围为-20~60℃，环境温度超过60℃时，有过热燃烧、爆炸的风险。高温天气时不要在阳光暴晒下充电，更不要在行驶后立即充电；充电时尽量选择阴凉通风的环境，若在太过闷热的环境下充电，会破坏蓄电池和减少充电器的使用寿命。

最后，减少快充频次。快速充电时电流增大，对蓄电池内部结构有一定的破坏，导致蓄电池温度升高并伴随一些副反应，如电解液分解、电极上产生沉积物，蓄电池容量慢慢地减小。如果蓄电池管理系统（BMS）的技术不好，快充很容易造成过充，存在起火风险。尤其是在炎热夏季，应降低"快充"频率并尽可能使用"慢充"桩。

（2）做好蓄电池包的防护　新能源汽车上最贵的部分就是动力蓄电池，因为外部原因致使蓄电池挤压、变形，产生热失控发生自燃的现象很多。

首先，应避免撞击和拖底。外壳是蓄电池包的第一道防线，撞击和拖底容易破坏外壳使蓄电池包损伤。汽车发生了拖底或撞击时，应到有条件的修理厂上台架检查一下蓄电池包外壳的状况，如果发现异常，应立即进行维修或更换蓄电池包。

其次，谨慎通过积水路段。虽然纯电动汽车的蓄电池包大多具备IP67级的防水能力，但如果车龄较长，蓄电池包的防水性能可能会降低，但是又很难察觉。因此，遇到积水路段时一定要小心，尤其是车龄较长的纯电动汽车，尽量避免通过积水路段。

最后，需要勤检查、维护。使用新能源汽车，一定要定期去服务店维修、维护，避免存在电路老化、蓄电池包故障，防患于未然。

（二）火灾施救器材

新能源汽车电气火灾对驾乘人员的生命安全有较大威胁，当新能源汽车发生火灾时，应尽快远离车辆并拨打消防电话。在确保人员生命安全并佩戴好防护用具的前提下，可适当使用灭火器材，对车辆进行灭火操作。

1. 气溶胶灭火器

气溶胶灭火器是目前市场上比较主流的车载灭火器，具有使用简单、便于携带、灭火后残留物少、方便清洁、无毒害等优点。其灭火基本原理是使固体燃料混合剂通过燃烧产生足够浓度的悬浮固体颗粒和惰性气体释放于着火空间，抑制火焰燃烧，使火焰熄灭。如图1-2-8所示，气溶胶灭火器的使用步骤为拿出灭火器，拉出底部保险环，按下启动按钮并对准火源扫动灭火。

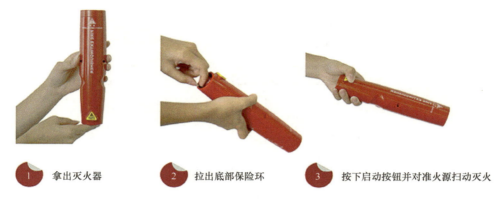

图 1-2-8　气溶胶灭火器的使用步骤

2. 车载干粉式灭火器

车载干粉式灭火器规格为 1~2kg 手提式灭火器，此类灭火器的优点是价格便宜、便于携带，缺点是灭火后会存在大量残留物，灭火效率比气溶胶灭火器低。干粉灭火器内充装的是磷酸铵盐，灭火时一是靠干粉中的无机盐的挥发性分解物与燃烧过程中燃料所产生的自由基或活性基团发生化学抑制和负催化作用，使燃烧的链反应中断而灭火，其二靠干粉的粉末落在可燃物表面并发生化学反应，在高温作用下形成一层玻璃状覆盖层，从而隔绝氧气熄灭火焰。

如图 1-2-9 所示，干粉式灭火器的使用步骤为上、下颠倒摇晃使干粉松动，然后拔出安全插销，左手扶喷管，右手用力压下压把，喷嘴对准火焰根部，并左右移动喷射。

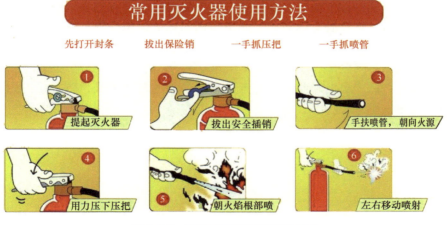

图 1-2-9　干粉式灭火器的使用步骤

3. 消火栓

气溶胶灭火器和干粉灭火器通常只能用于一般的新能源汽车电气火灾，如果新能源汽车的蓄电池开始燃烧，则无法使用气溶胶灭火器和干粉灭火器灭火，这是因为蓄电池内部剧烈的化学燃烧是不需要氧气的，所有利用隔绝氧气原理进行灭火的灭火器是没有效果的。此时必须使用大量的水来灭火：一方面，大量的水可以有效地稀释蓄电池内化学物质的浓度，延缓化学燃烧的速度；另一方面，大量的水可以快速降低蓄电池内部的温度，从而抑制火势的蔓延。

消火栓示意图如图 1-2-10 所示。消火栓的使用步骤为打开消火栓门，按下内部火警按钮（按钮是报警和启动消防泵的），将水带一头接到消火栓接口上并顺时针拧紧，水带另一头接到消防水枪并顺时针拧紧,逆时针打开阀门,迅速奔向起火点,对准火焰根部灭火。

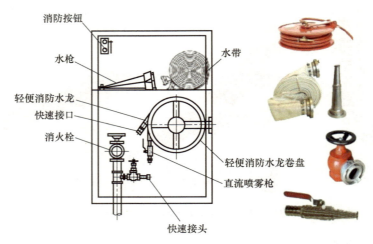

图 1-2-10　消火栓示意图

三、事故车辆处置

当新能源汽车发生车祸或碰撞等事故后,由于可能存在的漏电、绝缘失效、蓄电池液泄漏等不确定性故障,使事故车辆的处置存在较大的风险,需要格外注意安全。

首先,在条件允许的情况下,需要将车辆固定停放并整车断电。如果车辆已失去驻车功能,则需要根据车辆的状态和位置合理采用短足、长足、支撑杆等实施车体的有效固定;如果车辆无法完成断电操作,则需要救援人员佩戴全套绝缘护具,手动断开高压供电。

其次,需要确认车辆的蓄电池包是否受损。如果蓄电池包没有受损,则可以通过测量验证车辆的高压电路断电后,将事故车辆转移;如果车辆的蓄电池包受损,需要在联系蓄电池供应商的专业人员明确风险程度并采取安全措施后进行车辆转移处理。

最后,处理完成后需要全面、细致地检查并清理现场,将事故车辆移交给车主或有关部门;对于受损的蓄电池包,需要根据专业人员的意见采取合理的转运方式,防止受损的蓄电池在转运及后期静置过程中发生意外。

项目二 新能源汽车高压防护

学习任务一 防护用具与绝缘工具使用

任务描述

小王所在的 4S 店新招聘了一批新能源汽车维修学徒工，经理要求小王给新来的学徒工培训关于新能源汽车维修时如何做好防护、防护工具和绝缘工具的使用、安全标识的知识。小王该如何设计这次的培训内容？

学习目标

1) 能正确辨识防护用具与绝缘工具的类型。
2) 能正确使用防护用具与绝缘工具。
3) 能正确认识安全标识。

相关知识

个人安全防护措施

新能源防护用品的认知

一、防护用具

新能源汽车涉及高压电，在维修过程中维修人员必须做好安全防护，才能防止被高压电击伤，从而保护自身的安全以及车辆、设备的安全。常见的个人安全防护用具有绝缘手套、绝缘鞋、护目镜、安全帽、防护服等。

（一）绝缘手套

绝缘手套是在高压电气设备上进行带电作业时，起电气绝缘作用的一种带电作业用的防护用具。

绝缘手套通常由天然或合成橡胶制成，其形状为立体手模分指式，每只手套上必须具有明显且持久的标记，包括带电作业标志符号（双三角形）、使用电压等级/类别、制造厂商、制造年月、执行标准等，如图 2-1-1 所示。

绝缘手套要求具有良好的电气性能、较高的力学性能，并具有柔软、良好的使用性能，每副手套都必须经过严格的检验与测试，确保符合 GB/T 17622—2008《带电作业用绝缘手套》的测试标准。

1. 绝缘手套类型

在 GB/T 17622—2008 中，带电作业用绝缘手套按照其使用方法分为常规型绝缘手套和复合绝缘手套。常规型绝缘手套自身不具备机械保护性能，一般需要配合机械防护手套使用；复合绝缘手套是自身具备机械保护性能的绝缘手套，可以不用配合机械防护手套使用。汽车行业中用于维修或维护的绝缘手套一般为复合绝缘手套，如图 2-1-2 所示。

图 2-1-1　绝缘手套标记

图 2-1-2　复合绝缘手套

在 GB/T 17622—2008 中所包括的带电作业用绝缘手套按电气性能分为 0、1、2、3、4 共 5 级，适用于不同电压等级。当采用颜色标记时，应符合 0 级—红色、1 级—白色、2 级—黄色、3 级—绿色、4 级—橙色。汽车行业用于维修或维护的绝缘手套级别可根据汽车的电压等级进行选择，标准见表 2-1-1。

表 2-1-1　适用于不同电压等级的绝缘手套

级别	AC/V	颜色
0	380	红色
1	3000	白色
2	10000	黄色
3	20000	绿色
4	35000	橙色

注：在三相系统中电压指的是线电压。

不同等级的绝缘手套都应通过验证电压试验和耐受电压试验。在验证电压下的泄漏电流值应满足表 2-1-2 中的要求。

表 2-1-2　电气绝缘性能要求

级别	交流试验						直流试验	
	验证试验电压/kV	最低耐受电压/kV	验证电压下的泄漏电流/mA				验证试验电压/kV	最低耐受电压/kV
			手套长度/mm					
			280	360	410	≥460		
0	5	10	12	14	16	18	10	20
1	10	20	N/a	16	18	20	20	40
2	20	30	N/a	18	20	22	30	60
3	30	40	N/a	20	22	24	40	70
4	40	50	N/a	N/a	24	26	60	90

注：1. N/a 表示无适用值。
2. 本表中所规定的泄漏电流值适用于复合绝缘手套。
3. 在正常使用时，其泄漏电流值会比试验值小，因为试验时试品与水的接触面积比在进行带电作业时的面积大，并且验证试验电压比最大使用电压高。
4. 对于预防性试验（手套没有经过预湿处理），泄漏电流的规定值应相应降低 2mA。

2. 绝缘手套使用规范

1）绝缘手套使用前，应进行外观检查，外表应无磨损、破损、划痕等。检查方法：首先检查绝缘手套的手掌位置是否完好，然后侧位放置手套，卷起手套边缘，松开两到三次，折叠一半开口后封住手套，确认无空气泄漏，则证明绝缘手套完好。绝缘手套的检查流程如图 2-1-3 所示。

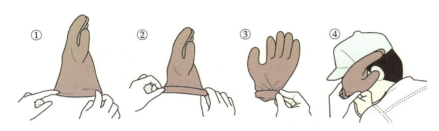

图 2-1-3　绝缘手套的检查流程

2）绝缘手套上应贴有统一的试验合格标签，若不在试验合格的有效期内，则不能使用（因无法知道是否电气试验合格）。

3）如果一副手套中的一只可能不安全，则这副手套不能使用。

4）使用绝缘手套时，应将衣袖口套入手套筒口内，同时注意防止尖锐物体刺破手套。

5）绝缘手套的使用温度范围为 $-25 \sim 55℃$。

6）绝缘手套受潮或发生霉变时禁止使用；如果遭遇雨淋、受潮时，应及时进行干燥处理后方可使用，但干燥温度不能超过 65℃（使用专用干燥箱均匀干燥，避免使用局部高温设备对手套进行干燥）。

7）绝缘手套应使用肥皂和水清洁彻底并干燥后涂上滑石粉，避免粘连。

8）使用中的绝缘手套每 6 个月进行一次交流耐压试验。

9）不合格的绝缘手套须隔离处理，禁止与合格绝缘手套混放。

10）绝缘手套出现以下情况应报废处理：外观检查出现破损、霉变、针孔、裂纹、砂眼、割伤等情况；定期试验不合格的绝缘手套；出厂年限满 5 年的绝缘手套。

（二）绝缘鞋

在 GB 21146—2007 中定义绝缘鞋是通过阻断经由脚穿过身体的危险电流的通路来保护穿着者免受电击的鞋。绝缘鞋的作用是使人体与地面绝缘，防止电流通过人体与大地构成通路，对人体造成电击伤害，把触电时的危险降到最低程度。因为触电时电流是经接触点通过人体流入地面的，所以电气作业时不仅要戴绝缘手套，还要穿绝缘鞋。绝缘鞋如图 2-1-4 所示。

绝缘鞋根据 GB 21146—2007 进行生产，电阻值范围为 $100k\Omega \sim 1000M\Omega$，绝缘鞋应具有透气性能好、防静电、耐磨、防滑等功能。绝缘鞋按照帮面材料分为绝缘皮鞋、绝缘布面胶鞋、绝缘全橡胶鞋和绝缘全聚合材料鞋。绝缘鞋的耐压等级分为 5kV、6kV 和 20kV 3 种。维修人员在选择绝缘鞋时应根据工作环境或设备的电压选择相应等级的绝缘鞋。

图 2-1-4　绝缘鞋

绝缘鞋使用过程中需要定期进行检验，其检验方法及注意事项如下：

1）检查绝缘鞋的标志是否齐全、是否符合标准要求。

2）检查绝缘鞋是否存在鞋面破损、鞋底开裂等异常。

3）绝缘鞋应存放于干燥通风处，防止霉变，避免受油、酸碱类或其他腐蚀品的影响。

4）绝缘鞋应每 6 个月进行一次预防性试验，合格后才能继续使用，试验不合格的不能继续穿用。

（三）护目镜

护目镜的作用是在维修高压电车辆时防止维修过程中产生的电火花对眼睛产生伤害，也可以防止飞溅的蓄电池液对眼睛产生的伤害。护目镜如图 2-1-5 所示。

在进行新能源汽车维修作业时，维修人员必须正确佩戴相应标准的带侧护板的护目镜，如图 2-1-6 所示。

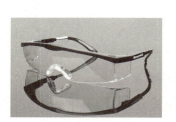
图 2-1-5　护目镜

图 2-1-6　正确佩戴护目镜

（四）安全帽

1. 安全帽的作用

安全帽的主要作用是防止头部触电或发生磕碰。在新能源汽车举升工位下方进行作业时，维修人员必须佩戴相应标准的电绝缘安全帽。安全帽如图 2-1-7 所示。

2. 安全帽的使用方法及注意事项

1）佩戴安全帽前，应将帽后调整带按自己头型调整到适合的位置，然后将帽内弹性带系牢。缓冲衬垫的松紧由内弹性带调节，人的头顶部和帽体内顶部的空间垂直距离一般为 25～50mm，以不小于 32mm 为宜。这样才能保证当头部遭受到冲击时，帽体有足够的空间可供缓冲，平时也有利于头和帽体间的通风。

2）不要把安全帽歪戴，也不要把帽檐戴在头部后方。否则，会降低安全帽对于冲击的防护作用。安全帽的正确佩戴如图 2-1-8 所示。

图 2-1-7　安全帽

图 2-1-8　安全帽的正确佩戴

3）安全帽的下颌带必须扣在颌下并系牢，其松紧要适度，避免由于头的前后摆动导致安全帽脱落，或者被其他障碍物碰掉。

4）要定期检查安全帽有无龟裂、下凹、裂痕、磨损等情况，发现异常现象时要立即更换安全帽，不能再继续使用。受过重击、有裂痕的安全帽无论有无损坏现象均应报废。

5）安全帽不宜长时间在阳光下暴晒。

6）新的安全帽使用前应检查有无生产许可及产品合格证，有无破损、薄厚不均，缓冲层及调整带和内弹性带是否齐全有效。如果不符合规定要求，应立即调换。

7）使用安全帽时应保持整洁，不能接触火源，不要任意涂刷油漆等。

（五）防护服

维修高电压系统时，必须穿非化纤类的工作服（防护服）。因为化纤类的工作服会产生静电，并且当发生火灾事故时，化纤会在高温环境下粘连人体皮肤，导致维护人员产生严重的二次伤害。防护服如图 2-1-9 所示。

图 2-1-9　防护服

二、绝缘工具

维护高电压类车辆时，需用到绝缘工具，使用绝缘工具可以有效防止意外触电事故的发生。常用的绝缘工具有绝缘工具套装、绝缘胶垫、动力蓄电池安装堵盖和动力蓄电池工作台。

1. 绝缘工具套装

绝缘工具套装包括常用的套筒、呆扳手、螺钉旋具、钳子、电工刀等。绝缘工具使用前必须进行检查，保证其无破损和裂纹，内、外表面清洁、干燥，不能带水进行操作，确保安全。绝缘工具套装如图 2-1-10 所示。

2. 绝缘胶垫

在维修新能源汽车的工位上需要垫上绝缘胶垫。绝缘胶垫是具有较大电阻率和耐电击穿的胶垫，用于地面的铺设，可起到绝缘的作用，如图 2-1-11 所示。

图 2-1-10　绝缘工具套装

图 2-1-11　绝缘胶垫

3. 动力蓄电池安装堵盖

在断开直流母线后必须使用动力蓄电池安装堵盖将直流母线两侧端子堵住，如图 2-1-12 所示。

4. 动力蓄电池工作台

检修动力蓄电池和电控元件时必须使用带绝缘垫的专业工作台，如图 2-1-13 所示。

图 2-1-12　动力蓄电池安装堵盖

图 2-1-13　动力蓄电池工作台

三、安全标识（含车间安全）

安全标识是指用来表明存在信息或指示安全的招牌、颜色、照明标识、声信号等标识。

（一）安全标识类型

安全标识主要分为禁止标志、警告标志、指令标志和提示标志四个类型。

1. 禁止标志

禁止标志为圆形，背景为白色，红色圆边，中间为一条红色斜杠，图像用黑色。常用的禁止标志有"禁止烟火""禁止启动"等，如图 2-1-14 所示。

2. 警告标志

警告标志为等边三角形，背景为黄色，边和图案都用黑色。常用的警告标志有"当心触电""注意安全"等，如图 2-1-15 所示。

图 2-1-14 禁止标志

图 2-1-15 警告标志

3. 指令标志

指令标志为圆形，背景为蓝色，图案及文字用白色。常用的指令标志有"必须戴安全帽""必须带护目镜"等，如图 2-1-16 所示。

4. 提示标志

提示标志为矩形，背景为绿色，图案及文字用白色，如图 2-1-17 所示。

图 2-1-16 指令标志

图 2-1-17 提示标志

安全标识应安装在光线充足、明显之处；高度应略高于人的视线，使人容易发现；一般不应安装于门窗及可移动的部位，也不宜安装在其他物体容易触及的部位；安全标识不宜在大面积或同一场所使用过多，通常应在白色光源的条件下使用，光线不足的地方应增设照明设备。安全标识一般用钢板、塑料等材料制成，同时不应有反光现象。

（二）车辆高压电安全标识

新能源汽车涉及高压电，因此新能源汽车对车上的高压部件均采用特殊的标识或颜色，对维修人员或车主给予警示。新能源汽车通常采用两种形式进行高压电的标识警示：高压警示标识和橙黄色的导线，如图2-1-18、图2-1-19所示。

图2-1-18　高压警示标识

图2-1-19　橙黄色的导线

吉利帝豪EV450车型上的高压电部件包括：驱动电机、电机控制器、动力蓄电池、高压配电箱、高压转换器（DC/DC）、车载充电机、空调压缩机、加热器（PTC）等。每个高压部件上都贴有警告标签，如图2-1-20、图2-1-21所示。售后服务人员或者车主可以通过标签直观地看到高压电可能带来的危险，避免触电伤害。

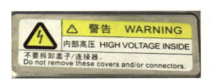

图2-1-20　电机控制器警示标识

图2-1-21　维修开关的警示标识

由于新能源汽车的高压导线可能有数米长，因此在一处或两处通过警示牌标记意义不大，售后服务人员可能会忽视这些标牌。因此使用橙黄色线束标记出所有的高压线束，而且高压导线的插头及插座也采用橙黄色设计，如图2-1-22所示。

图2-1-22　高压导线的插头及插座

（三）维修工位安全标识

在维修车间，必须有新能源汽车专用的维修工位。当工位上有高电压车辆进行维修时，要求在工位周围必须布置有明显的警示标识，避免他人未经允许进入高电压工位而发生危险。工作区域应设置警示标牌和安全隔离警戒线，如图2-1-23所示。

（四）车间安全管理

新能源汽车维修车间有高压电安全风险，必须加强车间安全管理，杜绝高压安全事故。新

图 2-1-23　设置警示标牌和安全隔离警戒线

能源汽车（电动汽车和混合动力汽车）专用车间安全管理，除了普通车间的安全要求，必须注意以下事项。

1. 车辆焊接维修

1）首先要断开低压电源和动力蓄电池插头。

2）操作人员需要具备特种作业操作证。

3）清理周围易燃物品并申请动火证。

4）做好车身的保护，预防飞溅及着火。

5）严格按照焊接工艺进行操作。

2. 火灾的预防和处理

1）火灾发生将产生不可估量的危害，因此必须预防车辆自燃等火灾的发生，及时处理机舱内的油污、接插件松动或线束老化等隐患。

2）火灾发生后不要惊慌，要及时采取正确的方法来灭火，将火灾消灭在萌芽状态。首先要切断电源，所有人员立即离开车辆并站在远离车辆的上风处。

3）经常检查车上的灭火器是否在固定的位置，是否在有效期内。要充分了解灭火器的性质和正确使用方法。在采取救火措施的同时立刻报警（报警电话119、110）。

4）常用的车载灭火器都是干粉的，以高压为动力，由喷射筒内的干粉进行灭火。灭火时，在距离燃烧点约1m处，先将开启把上的保险销拔下，然后将喷嘴部对准火焰的根部扫射灭火。当干粉喷出后，手始终压下压把不能放开，否则会中断喷射。应选择站在上风处向火焰喷射。

5）当电动汽车发生火灾时，最有效的灭火方式是采用大量的水灭火。因为电动汽车起火多为电路短路起火，这种情况下为了保证人员安全，使用水基灭火器可以快速地将短路产生的热量减少，使电能耗尽而有效灭火。

3. 车间环境要求

新能源汽车维修车间的场地与设施比普通汽车维修车间的要求要高。

（1）使用面积　高压维修车间的面积根据实际要求确定，应符合国家相关规定。

（2）采光　明亮的车间可以让车辆维护人员能够清楚地观察到周围的部件及物体，避免因为视线不好意外触碰到高压而发生事故，同时能够使其他人员及时观察到可能存在的隐患。维修车间的采光应符合GB 50033—2013的有关规定。采光设计应注意光的方向性，应避免对工作产生遮挡和不利的阴影。对于需要识别颜色的场所，应采用不改变自然光光色的采光材料。

（3）照明　当天然光线不足时，应配置人工照明，人工照明光源应选择接近天然光色温的光源。维修车间的照明应符合GB 50034—2013的有关规定。进行精细操作（如划线、金属精加工、间隙调整等）的工作台、仪器、设备等的工作区域的照度不应低于500lx。照度不足时，应增加局部补充照明，补充照明不应产生有害眩光。

（4）干燥　干燥是为了降低维护区域人员的触电风险。因为当湿度增大时，人体和空气的绝缘电阻就会减小，在相同的电压下，人体触电的风险就增大了。因此高压车间必须保持干燥。

（5）通风　通风有利于将在维护车辆期间产生的有害物排出，在发生触电事故的情况下，通风的环境有利于伤者呼吸到更多的氧气。通风应符合 GB 50016—2014 和工业企业通风的有关要求。

（6）防火　应符合 GB 50016—2014 有关厂房、仓库防火的规定以及 GB 50067—2014 的有关规定。

（7）卫生　卫生应符合 GBZ 1—2010、GB/T 12801—2008 的有关要求。

（8）安全标识　安全标识应符合 GB 2894—2008、GB 2893—2008 的有关要求。

学习任务二　高压电路测量设备使用

任务描述

小王所在的 4S 店新招聘了一批新能源汽车维修学徒工，经理要求小王给新来的学徒工培训高压电路测量设备的使用。小王该如何设计这次的培训内容？

学习目标

1）能准确地描述高压电路测量设备的功能。
2）能准确地描述高压电路测量设备的使用场合。
3）能正确地使用高压电路测量设备。

相关知识

在新能源汽车维修时，常用到的高压电路测量设备有万用表、钳形电流表、绝缘电阻测试仪、接地电阻测试仪等。

一、万用表

汽车电子技术普遍应用以后，如果没有特殊提示，汽车电路的测量几乎都要求使用数字万用表进行测量，如图 2-2-1 所示。

（一）万用表的操作键认知

数字万用表操作键如图 2-2-2 所示。

（二）万用表的档位设置

数字万用表常用的功能档主要有电阻档、电压档和电流档等。

1. 电阻档

电阻档可用来测量线路通断，负载的电阻值，传感器的电阻值，线圈、继电器、喷油嘴等器件的电阻值。测量电阻通常是在电路断开的情况下进行，不能在电路中测量，更不允许通电测量。

2. 电压档

电压档可用来测量线路电源电压、电压降，测量时要选择交流电压档或直流电压档。如果不知道所测电压的范围，应由高向低选择档位。

图 2-2-1　数字万用表

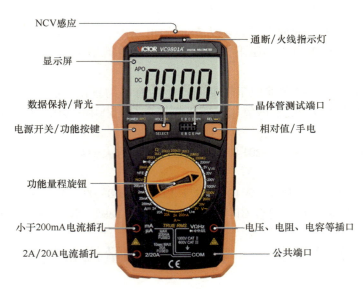

图 2-2-2　数字万用表操作键

3. 电流档

电流档通常用来测量异常耗电、漏电、跑电等，一般是串联到电路中进行测量。电流测量要注意以下事项：

1）在不知道被测电路的电流大小时，通常先使用大电流档位进行测量，然后根据测量值选择适合的档位进行精确测量。

2）测量表笔是串联在电路中的，红表笔接电流流入端，黑表笔接输出端。

3）当转换万用表量程时，万用表红色表笔需要转换接口。

（三）万用表的使用方法

1. 使用万用表测量电阻

1）关掉电路电源。

2）选择电阻档（Ω），如图 2-2-3 所示。

3）将黑表笔插入 COM 插孔、红表笔插入 VΩ 插孔，如图 2-2-4 所示。

图 2-2-3　选择电阻档（Ω）

图 2-2-4　插入红、黑表笔

4）将红、黑表笔跨接在电阻两端，或被测电阻的那部分电路两端，如图 2-2-5 所示。

5）查看读数，确认测量单位，如图 2-2-6 所示。

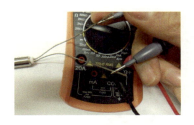
图 2-2-5　测电阻两端

图 2-2-6　万用表读数

2. 使用万用表测量电压

1）将黑表笔插入 COM 插孔、红表笔插入 VΩ 插孔。

2）功能旋转开关转至 V~（交流）或 V-（直流），选择合适的量程。

3）红表笔接触被测电路正端，黑表笔接地或接负端，即与被测线路并联。

4）读取 LCD 屏显示的数字即为所测电压值。

3. 使用万用表测量电流

1）断开电路。

2）将黑表笔插入 COM 插孔、红表笔插入 mA 或者 10A 插孔。

3）功能旋转开关转至 A~（交流）或 A-（直流），选择合适的量程。

4）断开被测线路，将数字万用表串联入被测线路中，被测线路中的电流从红表笔流入，从黑表笔流出，然后流入被测线路中。

5）接通电路。

6）读取 LCD 屏显示的数字即为所测电流值。

二、钳形电流表

钳形电流表俗称电流钳，其使用非常方便，无须断开电源和线路即可直接测量运行中电力设备的工作电流，可用于了解设备的工作电流及设备的运行状况。电动汽车维修时，在不破坏和拆装线束的情况下，通常使用钳形电流表对高压线束中的电流进行检测。

钳形电流表的使用

（一）钳形电流表的结构

钳形电流表的结构如图 2-2-7 所示。

（二）钳形电流表的使用方法

在使用钳形电流表时，应先根据电流的种类、电压等级正确选择钳形电流表，被测线路的电压应低于钳形电流表的额定电压。当测量高压线路的电流时，应选用与其电压等级相符的高压钳形电流表。

1. 使用钳形电流表测试电流

1）按紧扳手，使钳口张开。

2）将被测导线放入钳口中央。

3）松开扳手并使钳口闭合紧密。

4）读数后，将钳口张开使被测导线退出，将档位置于电流最高档或 OFF 档。

2. 钳形电流表使用的注意事项

1）使用前应查看钳形电流表的外观情况，一定要仔细检查钳形电流表的绝缘性能是否良好，绝缘层应无破损，手

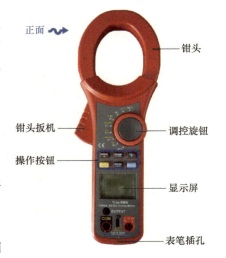
图 2-2-7　钳形电流表的结构

柄应清洁干燥。

2）钳口的结合面如果有杂声，应重新开合一次，若仍有杂声，应处理结合面，以使读数准确。

3）不可同时钳住两根导线测量电流。图 2-2-8 所示为钳形电流表测量交流电时正确的和错误的使用方法。

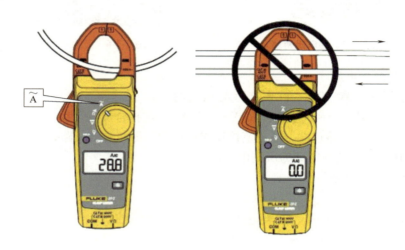

图 2-2-8　钳形电流表测量交流电时正确的和错误的使用方法

4）钳形电流表要接触被测线路，所以钳形电流表不能测量裸导体的电流。

5）用高压钳形电流表进行测量时，应由两人操作。测量时，应戴绝缘手套，站在绝缘垫上，不得触及其他设备，以防止短路或搭铁。

6）测量时，应注意身体与带电体保持安全距离。当测量高压电缆各相电流时，电缆头线间距离应大于 300mm，且绝缘良好。观测读数时，要特别注意保持头部与带电部分的安全距离，人体任何部位与带电体的距离不得小于钳形电流表的整个长度。

三、绝缘电阻测试仪

为了消除高压电对车辆和驾乘人员人身的潜在威胁，保证电动汽车电气系统的安全，在新能源汽车维护时需要使用绝缘电阻测试仪检测绝缘电阻。

绝缘电阻测试仪主要有指针式和数字式两种。常用的数字式绝缘电阻测试仪如图 2-2-9 所示。

 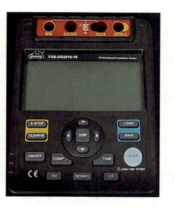

图 2-2-9　数字式绝缘电阻测试仪

（一）绝缘电阻测试仪的结构

图 2-2-10 所示为某品牌绝缘电阻测试仪的按键及说明。

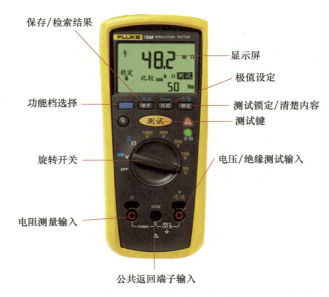

图 2-2-10　某品牌绝缘电阻测试仪的按键及说明

（二）绝缘电阻测试仪的使用

1. 用绝缘电阻测试仪测量绝缘电阻（图 2-2-11）

1）将红、黑表笔分别插入测试仪 V 和 COM（公共）插孔。

2）将旋转开关旋至所需要的测试电阻档。

3）将两表笔短接，按住 TEST 测试按钮开始测试，其电阻应为 0Ω。

4）将旋转开关旋至所需要的测试电压档。

5）将两表笔分别接高压线束的端子和绝缘层，按下测试按钮。

辅显示位置显示被测电路上所施加的测试电压。主显示位置显示高压符号（Z）并以 MΩ 或 GΩ 为单位显示电阻，显示屏的下端出现测试图标，直到释放测试按钮。当电阻值超过最大显示量程时，测试仪显示 ">" 以及当前量程的最大电阻。

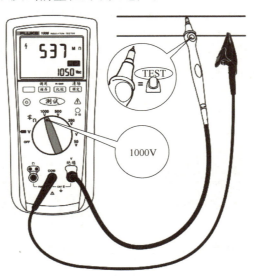

图 2-2-11　用绝缘电阻测试仪测量绝缘电阻

6）将探头留在测试点上，然后释放测试按钮，被测电路即开始通过测试仪放电。

如图 2-2-12 所示，对高压线束不同部位进行绝缘检测，测量档位选择在 500V 或 1000V 直流电压档。测量线束内部有屏蔽线时，屏蔽线与导线均应连接到车辆的搭铁端。

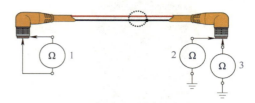

图 2-2-12 对高压线束不同部位进行绝缘检测

2. 绝缘电阻测试仪的使用注意事项

1）绝缘电阻测试仪应严格按照手册的规定使用，否则可能会破坏其保护措施。

2）在将绝缘电阻测试仪与被测电路连接之前，选用正确的端子、开关位置和量程档。

3）在端子之间或任何一个端子与搭铁点之间施加的电压不能超过测试仪上标明的额定值。当测量电压达到 AC 42V（交流）峰值或 DC 60V（直流）以上时，应格外小心，这些电压有造成触电的危险。

4）当出现电池低电量指示符时，应尽快更换蓄电池。

5）在测试电阻、导通性、二极管或电容以前，必须先切断电源，并将所有的高压电容器放电。

6）切勿在爆炸性的气体或蒸气附近使用绝缘电阻测试仪。

7）当使用绝缘电阻测试仪测试导线时，手指应保持在保护装置的后面。

四、接地电阻测试仪

接地电阻测试仪是一种电阻测量装置，用于测量各种装置的接地电阻以及测量低电阻的导体电阻值；还可以测量土壤电阻率及地电压。

（一）接地电阻测试仪的工作原理

接地电阻测试仪的工作原理是由机内 DC/AC 变换器将直流电变为低频恒流的交流电，经过辅助接地极 C 和被测物 E 组成回路，被测物上产生交流压降，经辅助接地极 P 送入交流放大器放大，再经过检波送入表头显示。借助倍率开关，可得到 3 个不同的量限：0~2Ω，0~20Ω，0~200Ω。接地电阻测试仪如图 2-2-13 所示。

（二）接地电阻测试仪的使用方法

1）将红色测试导线插入 C、P 两个孔位，将绿色导线插入 E 孔位，如图 2-2-14 所示。

图 2-2-13 接地电阻测试仪

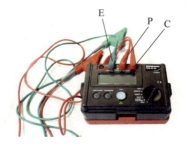

图 2-2-14 插入测试导线

2）戴上绝缘手套，调至 20Ω 的档位，进行校零测试，电阻小于 1Ω 为正常，如图 2-2-15

所示。

3）将两条测试导线分别连接被测物体壳体与搭铁线，按下测试按键，测得电阻小于1Ω为正常，如图2-2-16所示。

图 2-2-15　校零测试

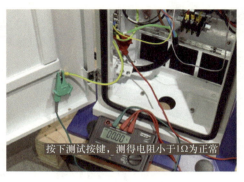

图 2-2-16　测试充电桩接地电阻

测试完毕，收起设备。

项目三 新能源汽车高压系统认知

学习任务一 新能源汽车电气架构认识

任务描述

小王所在的 4S 店今天来了一位顾客,他准备购买一辆轿车用于家庭代步,听说新能源汽车的电压很高后对安全问题有些担忧。作为一名优秀的销售人员,小王该如何向顾客解释新能源汽车的电气架构,以消除顾客对新能源汽车的安全顾虑?

学习目标

1) 能准确地描述不同供电网络结构的特点。
2) 能准确地描述新能源汽车的供电网络结构。
3) 能准确地描述新能源汽车的高压部件配置。
4) 能准确地描述新能源汽车的高压电气架构。
5) 能准确地识别新能源汽车的安全防护电路。

相关知识

一、新能源汽车供电网络结构

供电网络结构决定了从供电设备(如动力蓄电池)到用电设备(如驱动电机)的电能传输路径。常见供电网络结构有 IT 结构、TN 结构和 TT 结构。

供电网络结构名称中的第 1 个字母表示供电设备的接地状态:字母 I 表示供电设备的负极端不接地,字母 T 表示供电设备的负极端直接接地;名称中的第 2 个字母表示用电设备外露可导电部分(如外壳)的接地状态:字母 T 表示用电设备的外壳直接接地,字母 N 表示用电设备的外壳与供电设备负极端相连,并通过负极端间接接地。

IT 系统保护接地

TN-C-S 低压配电系统

1. IT 结构

IT 结构如图 3-1-1 所示,供电设备的正极端与负极端直接施加到用电设备两端,用电设备外壳与车身直接连接接地,与车身等电位。

2. TN 结构

TN 结构如图 3-1-2 所示,供电设备的正极端与负极端直接施加到用电设备两端,用电设备外壳与车身不直接连接,用电设备外壳与供电设备的负极端直接相连,再与车身连接接地。

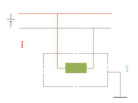

图 3-1-1 IT 结构

3. TT 结构

TT 结构如图 3-1-3 所示,供电设备的正极端与负极端直接施加到用电设备两端,用电设备外壳与车身直接连接接地,供电设备的负极端与车身连接接地,从而使用电设备外壳与供电设备的负极端都为零电位接地。

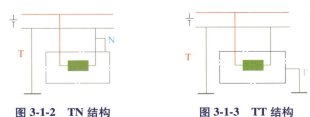

图 3-1-2　TN 结构　　　　图 3-1-3　TT 结构

TT系统保护接地

4. 供电网络结构比较

无论使用哪种供电网络结构,由于用电设备外壳直接或间接的接地且接地电阻很小,因此即使用电设备正极端与外壳间出现绝缘故障使得外壳与正极导通,也不会存在触电的风险。

当使用 TN 结构和 TT 结构时,如果用电设备正极端与外壳间出现绝缘故障,那么由于供电设备的正、负极两端被短路,会造成电路中的熔断器熔断,如图 3-1-4 所示。无论当前车辆正处于哪种行驶工况,高压系统都会立刻失效,这种情况是十分危险的。

使用 IT 结构时,如果用电设备正极端与外壳间出现绝缘故障,如图 3-1-5 所示,由于供电设备的负极端没有接地,那么供电设备的正、负极两端并不会发生短路,因此供电系统可以继续工作,同时通过仪表盘显示警报信息,从而保障驾乘人员的行车安全。

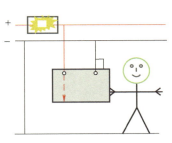
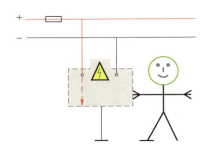

图 3-1-4　TN 结构故障　　　　图 3-1-5　IT 结构故障

接收到故障警报后,应尽快将故障车辆送到 4S 店进行检修,因为此时如果再发生其他故障,是有可能导致熔断器熔断使整车断电的,如图 3-1-6 所示。此外,如果所发生的故障中包含接地故障,则仍有可能造成车身带电,引发触电风险。

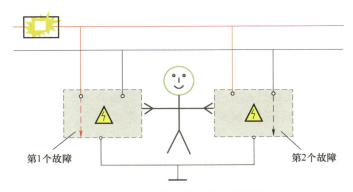

图 3-1-6　IT 结构等电位连接故障

通过上述分析，从最大限度地保障驾乘人员与维保人员安全的角度考虑，绝大多数新能源汽车的高压供电网络结构选择 IT 结构，这与传统的低压供电网络（以 12V 蓄电池为供电设备）不同，高压供电网络并不能以车身作为电源的负极端，因此，无论高压电需要传递到什么位置，都需要同时架设正、负两路高压导线与用电设备相连。

二、新能源汽车高压电气架构

（一）高压电气系统的配置

吉利帝豪EV450高压部件安装位置与识别

整车高压电气系统配置如图 3-1-7 所示。新能源汽车高压部件主要包括动力蓄电池、驱动电机、高压用电部件、充电部件等。动力蓄电池是整个高压系统的供能设备，为驱动电机及高压用电部件提供能量；充电部件包括交流充电和直流充电两部分，为动力蓄电池提供能量。整个高压架构需满足高压安全要求，包含高压互锁、主被动放电、绝缘监测、预充电、继电器监测和线路保护等功能。合理的电气架构可以用最优的成本实现功能需求和安全保障。

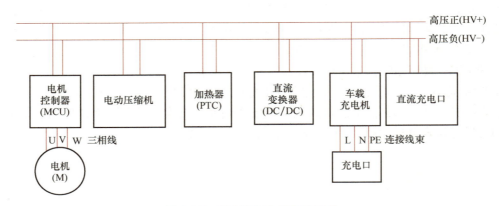

图 3-1-7　整车高压电气系统配置

（二）高压电气框架

新能源汽车高压电系统中，与动力蓄电池相关的高压元器件（如各回路的接触器及熔丝等），通常集成在蓄电池包内。动力蓄电池作为电动汽车的能量储存装置，受整车尺寸及布置位置的影响，可用空间非常有限。为了增加动力蓄电池的能量，应减少蓄电池包内除蓄电池单体或模块外其他零件的数量，使蓄电池单体或模块有充分的布置空间。同时，需要保证蓄电池系统维修的便利性，减少蓄电池系统电气接口的数量和拆卸蓄电池包的次数。

新能源汽车高压电系统中，各高压部件都有独立的供电控制，以确保不工作的部件不带电；各高压部件的熔丝盒与蓄电池系统内部结构隔离，从而避免熔丝检修或更换影响蓄电池系统内部防护等级；工作特性相近的部件通常共用一个接触器，以减少接触器的数量；功率等级相近的部件通常共用熔丝，从而减少熔丝的数量。

根据表 3-1-1 所示的新能源汽车高压部件工况分析可知，空调压缩机、PTC 加热模块、车载充电机、DC/DC 模块的工作特性和功率相近，故可灵活集成，共用接触器、熔丝或与蓄电池包连接的接口等；电机控制器和直流充电口的功率等级相近，因此可共用熔丝；车载充电机、DC/DC 模块均为开关电源类产品，可由同一供应商开发，集成为一个总成并集成电气分配单元的功能，为空调压缩机、PTC 加热器供电；直流充电接口的导线线径与其他部件不兼容，不宜集成，通常单独成组；电机控制器影响行车安全，且功率过大，不宜与其他部件集成。

表 3-1-1　新能源汽车高压部件工况

高压部件	行驶中	停车断电后	交流充电时	直流充电时	功率
电机控制器	√	×	×	×	≥30kW
空调压缩机	√/×	√/×	√/×	√/×	≤5kW
PTC加热模块	√/×	√/×	√/×	√/×	≤5kW
DC/DC模块	√	√/×	√	√	≤3kW
车载充电机	×	×	√	×	≤3.3kW
直流充电口	×	×	×	√	≥20kW

在实车上，由于品牌或车型的设计理念不尽相同，因此整车详细的电气构架可能略有差异；同时，在新能源汽车发展过程中技术路线在不断改进，进一步扩大了电气构架的差异。

目前，较为流行的整车高压电气框架如图 3-1-8 所示，动力蓄电池端只有一个直流母线与高压配电箱相连，高压配电箱负责控制电能的传输路径，实现各高压部件的正常工作。现在很多车型将车载充电机和 DC/DC 变换器与高压配电箱集成在一起，通常称为 PDU；还有一种形式是将电机控制器和 DC/DC 变换器与高压配电箱集成化，这类的驱动电机管理模块被称为 PEU。

（三）安全防护电路

在新能源汽车的高压电气架构下，为保障各高压部件的正常运转和用电安全，还需要给高压系统配备相应的安全电路，主要包括：短路熔断保护电路、高压自放电电路、绝缘监控电路和高压互锁电路等。

1. 短路熔断保护电路

高压供电网络内高电压蓄电池正、负极两端短路时会产生很高的短路电流，这种短路电流会产生电弧，造成高电压导线或高电压蓄电池毁坏甚至发生火灾。为避免出现这种现象，在新能源汽车的高压供电网络中接入了电路短路时会自动熔断的熔丝，以保证电流过载时自动切断高压电路，保护的部件主要包括动力蓄电池内部电路、DC/DC 模块、PTC 加热器、空调压缩机回路等。

2. 高压自放电电路

为了实现滤波、补偿、耦合、变流等功能，在新能源汽车的高压电路中通常会使用电容、电感等储能元件。当车辆断电时，高压电路中的电容、电感会对外放电，使高压电路中的电压在一段时间内仍保持在较高的数值，这个电压的存在对于需要接触高压部件的维修人员是十分危险的。因此，在高电压系统每次断电时都需要让高压电路迅速将电容内的余电消耗掉。

图 3-1-9 所示的电路是新能源汽车高压自放电电路的一种。通过电路图可以看出供电设备中使用的电容与高电压导线并联连接，如果在供电状态时断开动力蓄电池的接触器不再对外供电，电容则会向供电电路输送自身存储的电能，并使电压保持在与动力蓄电池供电时相近的电压水平，因此需要一个由被动放电电阻、主动放电电阻和主动放电接触器组成的高压自放电电路，通过电阻耗电来降低高压电路上的电压。高压自放电电路分为被动放电电路和主动放电电路两条支路。

被动放电电阻始终与电容器并联，当电容放电时，放电电流通过被动放电电阻从而消耗高压电路中的电能。但是，由于被动放电电阻始终并联在供电电路正、负极的两端，即使在动力蓄电池正常供电时，被动放电电阻也会消耗一部分电能。为了将供电功率的损失保持在较低程度，被动放电电阻的阻值通常较高，一般为万欧级。新能源汽车高压电路中使用的电容通常为几百到 $1000\mu F$，被动放电时电压降到零的时间可能需要几分钟（通常要求短于 5min）。

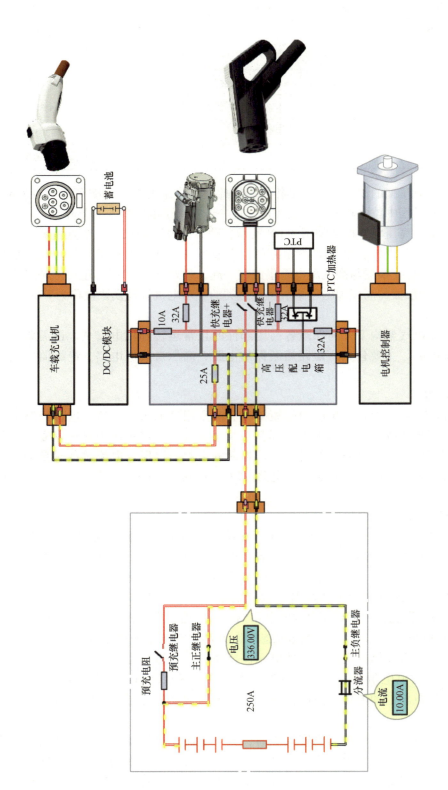

图 3-1-8 整车高压电气框架

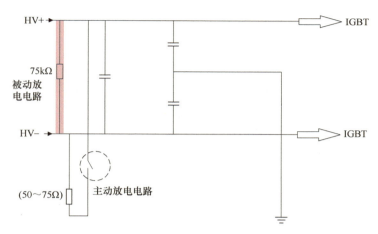

图 3-1-9　高压自放电电路

被动放电其实只是主动放电失效时的一项附加安全措施。动力蓄电池停止供电后，供电控制系统会将主动放电接触器闭合，通过主动放电电阻快速消耗电能。主动放电电阻的阻值通常仅为几十欧姆，因此放电速度明显加快。这种设计可确保几秒钟后将放电电压降到零（通常要求短于5s）。

当新能源汽车断电时，并联在供电线路正、负极两端的高压用电器（如空调压缩机和DC/DC变换器等）都可以通过主、被动放电电阻放电。此外，每个带电容的高电压部件内都设有与电容并联的被动放电电阻，即使主动放电失败或者高压部件与供电电路间的导线断路，也能完成内部放电。

3. 绝缘监控电路

新能源汽车高压电路中的高压部件在内部破损或者受潮时，有可能会传递给外壳一些电动势。如果有两个高压部件的外壳具有不同的电动势，那么在这两个部件的外壳之间会形成电压。如果同时触及这两个高压部件，则会发生触电事故，如图3-1-10所示。

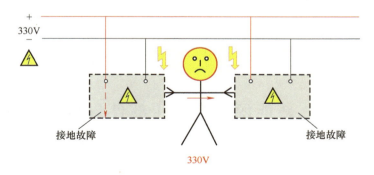

图 3-1-10　发生高压部件接地故障时的触电风险

为了避免上述触电风险，所有的高压部件的外壳都通过一根电压平衡导线连到车辆的接地端。这样，即使同时触及两个有绝缘故障的部件，也不会发生触电事故，如图3-1-11所示。

出于安全考虑，新能源汽车高压电路中采用绝缘监控电路来检测所有高压部件与可导电壳体或接地端之间的绝缘电阻值。如果高压部件与壳体或接地端之间的绝缘电阻过低，存在触电风险，自诊断系统会通过仪表向驾驶人显示报警信息，甚至停止高压的供电。

4. 高压互锁电路

如图3-1-12所示，高压互锁电路通过一个串联回路检测各个部件接插口与高压导线接插口、

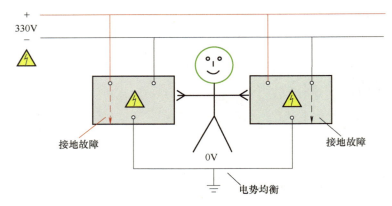

图 3-1-11　各个高电压部件的电动势平衡

各个高压部件与外壳盖板的连接关系。在供电状态下，一旦有某一高压部件插接口的高压导线被拔出，或高压部件外壳的盖板被拆卸，供电控制系统立刻检测到高压互锁电路断路，会自动中断高压电路的供电。

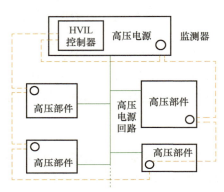

图 3-1-12　高压互锁电路示意图

由于高压互锁电路的存在，即使在维修前忘记对车辆进行断电操作，当维修人员拔出高压线束或打开部件盖板时，高压系统会自动断电，此时触碰拔出的高压线束或开盖的高压部件内部并不会发生触电事故。

学习任务二　新能源汽车高压部件与高压线束认知

任务描述

小杨今天将对 4S 店新招聘的新能源汽车维修学徒工进行新能源汽车的高压部件与线束认知培训，使其对高压部件与线束有初步认知。作为新能源汽车 4S 店的老员工，小杨需要做哪些设计来合理安排本次的培训内容呢？

学习目标

1）能正确地识别新能源汽车中的高压部件。
2）能正确地识别新能源汽车中的高压线束。
3）能正确地检测高压线束。
4）能熟记新能源汽车高压部件及线束检测规范。

相关知识

一、高压部件认知

与传统汽车相比，新能源汽车在12~48V直流蓄电池的基础上增加了动力蓄电池等高压部件，其动力电压一般为300~800V。根据国家标准划分，对地电压小于1000V属于低压范围，但为了与传统汽车低压电源进行区分，在新能源汽车上使用的大于60V的直流电和大于36V的交流电都称为高压电。图3-2-1所示为常见新能源汽车高压部件连接关系图。

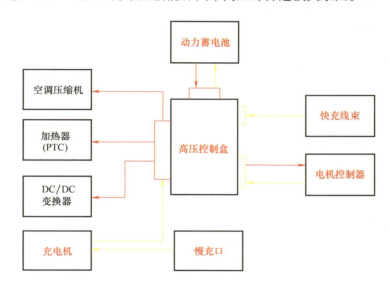

图3-2-1 常见新能源汽车高压部件连接关系图

常见的新能源汽车高压部件主要有动力蓄电池、高压控制盒、DC/DC变换器、车载充电机、驱动电机、电机控制器、PTC加热器、电动压缩机等。

（一）动力蓄电池

动力蓄电池是电动汽车的主要动力源，其结构是由蓄电池单体组合而成蓄电池模块，再由数个模块组成蓄电池包。简而言之，蓄电池单体是动力蓄电池的最小单元，蓄电池包是车辆的动力蓄电池总成。这样的组成形式有利于对蓄电池进行统一管理与监控，同时具有不错的安全性。

蓄电池单体的电压为3.2V左右，根据电压的要求以串联的方式组成蓄电池包。例如，吉利EV450动力蓄电池单体的电压为3.6V，数量为95节，单体容量为150A·h。不同的电动汽车要求的蓄电池单体的电压和数量都会有不同。图3-2-2所示为吉利EV450蓄电池包。

根据结构的不同，蓄电池单体可以分为圆柱蓄电池、方壳蓄电池和软包蓄电池。图3-2-3所示为蓄电池单体的种类。

圆柱蓄电池是目前最常见的蓄电池，是由索尼（SONY）公司设立标准并制造的。方壳蓄电池通常指具有铝制或钢制外壳的方形蓄电池，这种蓄电池没有统一的规格限制，可以根据客户的要求进行定制。相对来说，这种蓄电池能量密度较高、重量较轻。软包蓄电池的外壳由一层铝塑膜包装而成，因此设计较为灵活，可以随意改变形状、薄厚，打包成模块较为灵活方便。另外，这种蓄电池重量轻、能量密度高、循环性好，安全性也要比方壳蓄电池和圆柱蓄电池要高，是目前发展潜力较大的一种蓄电池结构。

动力蓄电池组成与结构

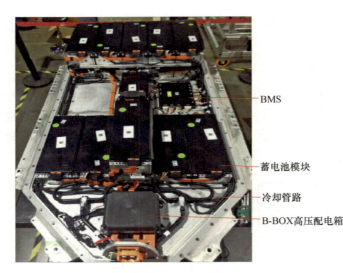

图 3-2-2 吉利 EV450 蓄电池包

图 3-2-3 蓄电池单体的种类

根据材料的不同，蓄电池可以分为磷酸铁锂离子蓄电池、镍钴锰三元锂离子蓄电池等不同类型。这里的材料指的是蓄电池的正极材料，负极材料目前主要以石墨为主。硅碳负极因为能够极大地拓展蓄电池的能量密度而具有很高的关注度，是目前蓄电池负极发展方向之一。

（二）高压控制盒

高压控制盒是新能源汽车实现高压电能的分配以及对支路用电器实施保护与熔断的部件。高压控制盒是新能源汽车电能分配的核心，虽然它没有起到新能源汽车电能分配控制策略的实质作用，但新能源汽车动力蓄电池的供电路线、车辆的充电路线以及制动能量回收路线都会途经高压控制盒达到下一个用电或供电部件。高压控制盒内置通往新能源汽车各个用电或供电部件的熔断器，当某一支路电能超过额定工作状态时，高压控制盒中的这一支路的熔断器将会断开，切断该支路连接，防止发生高压安全事故。与高压控制盒相连接的其他高压部件有PTC加热器、DC/DC变换器、空调压缩机、车载充电机等。图 3-2-4 所示为吉利新能源汽车高压控制盒。

图 3-2-4 吉利新能源汽车高压控制盒

熔断器是接于电路中，当电流超过规定值和规定的时间时使电路断开的熔断式保护器件。熔断器是一个热能响应器件，熔断器中的熔片或熔丝由电阻率较高的易熔合金制成。

为了保护线束及其他设备，熔断器被设计和制造成线路中最弱的一部分，在正常工作情况下，熔断器不会熔断，当电路中发生短路或严重过载时，熔断器会立即熔断，从而保护电路和电器设备。图 3-2-5 所示分别为封闭式熔断器、开放式熔断器和玻璃管熔断器。

（三）DC/DC 变换器

DC/DC 变换器是将高压直流电转换为低压直流电的变压装置。它可以将动力蓄电池的高压

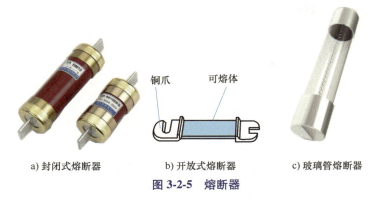

a) 封闭式熔断器　　b) 开放式熔断器　　c) 玻璃管熔断器

图 3-2-5　熔断器

直流电转换为约 14V 的低压直流电向辅助蓄电池充电,以保证行车时低压用电设备正常工作。

不同于传统汽车中将发动机的机械动力分配出一部分来对蓄电池进行充电,新能源汽车的辅助蓄电池更多的是通过电能的转换对其进行充电,因此在新能源汽车中 DC/DC 变换器是不可或缺的部件。

由于其相对功率较小,新能源汽车厂商通常将其与其他高压部件集成布置,当高压部件连接端有黑色(低压)线束时,DC/DC 变换器就与该高压部件进行集成布置。图 3-2-6 所示为吉利电机控制器集成的 DC/DC 变换器。

图 3-2-6　吉利电机控制器集成的 DC/DC 变换器

(四) 车载充电机

车载充电机的作用是将车辆接收到的 220V 交流电能通过滤波、整流后转换为动力蓄电池能存储使用的电能,对动力蓄电池进行充电。车载充电机从布置上来讲,一端连接车辆的交流充电口,一端连接动力蓄电池,现今最常见的车载充电机通常内置在高压控制盒内与其集成布置。车载充电机一般具有通信功能,接收到可充电信号后,将来自交流充电口的电能进行滤波、整流,经过升压电路和降压电路后输出合适的电压、电流给动力蓄电池。图 3-2-7 所示为吉利 EV450 车载充电机。

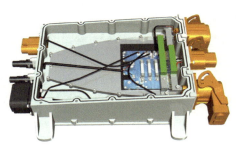

图 3-2-7　吉利 EV450 车载充电机

(五) 驱动电机与电机控制器

在多数新能源汽车动力系统中，不存在发动机动力系统，因此新能源汽车是通过驱动电机接收来自动力蓄电池的可用电能，将其转换为机械能驱动车辆行驶。图 3-2-8 所示为新能源汽车驱动电机与电机控制器的连接关系。

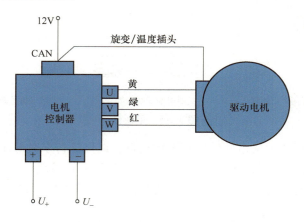

图 3-2-8　新能源汽车驱动电机与电机控制器的连接关系

在驱动电机与电机控制器的连接关系中，由于动力蓄电池输出的是直流电，因此电能输出到电机控制器时需要将其逆变成电压、频率可调的三相交流电，再输出到配套的三相交流电机，使其转换为机械能以驱动车辆。同理，当车辆出现制动能量回收的时候，动力蓄电池停止供电，驱动电机收集车轮的机械能转变为电能反馈或储存于动力蓄电池或电机控制器中。图 3-2-9 所示为电机控制器和驱动电机。

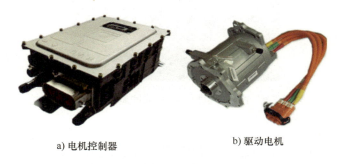

a) 电机控制器　　b) 驱动电机

图 3-2-9　电机控制器和驱动电机

电机控制器是驱动电机系统的控制中心，又称智能功率模块，以 IGBT（绝缘栅双极型晶体管）模块为核心，辅以驱动集成电路和主控集成电路。其不仅将直流电转换成交流电驱动电机工作，同时对所有的输入信号进行处理，监控驱动电机的工作状态并通过总线系统发送给整车控制器。电机控制器内含故障诊断电路。当诊断出异常时，它会激活一个故障码并发送给整车控制器，同时会存储该故障码和数据。

在电机控制器中主要采用电流传感器、电压传感器和温度传感器等来提供驱动电机系统的工作信息。其主要作用如下：

（1）电流传感器　用以检测驱动电机工作的实际电流（包括母线电流、三相交流电流）。

（2）电压传感器　用以检测供给电机控制器工作的实际电压（包括动力蓄电池电压、辅助蓄电池电压）。

（3）温度传感器　用以检测电机控制系统的工作温度（包括 IGBT 模块温度、电机控制器板载温度）。

目前永磁同步电机是电动汽车驱动电机的主要形式，特点是转子为永磁体，定子为绕组，是动力系统的重要执行机构，是电能与机械能转化的部件，且自身的运行状态等信息可以被采集到电机控制器。通常来说电动汽车的驱动电机需要满足以下两个要求：

1) 具有效率高、体积小、重量轻及可靠性高等优点。
2) 内置传感器提供驱动电机的工作信息。这些传感器包括：旋转变压器，用以检测电机转子位置并通过控制器解码后可以获知驱动电机转速；温度传感器，用以检测驱动电机的绕组温度，控制器可以保护驱动电机避免过热。

（六）PTC加热器

不同于传统汽车的空调供暖系统（采用发动机加热，冷却液吸收发动机工作热量对车内进行加热），新能源汽车虽然也可以采用冷却液吸收热量（动力蓄电池或驱动电机冷却液）对车辆内部进行供暖，但主要是采取PTC加热的方式进行供暖。图3-2-10所示为新能源汽车供暖系统结构和PTC加热器。

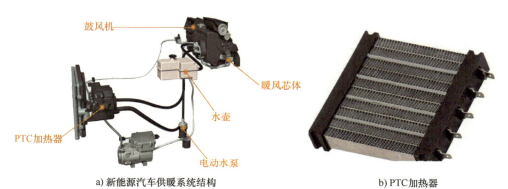

图 3-2-10　新能源汽车供暖系统结构和 PTC 加热器

PTC（Positive Temperature Coefficient）即正温度系数，PTC加热器作为新能源汽车的独立电加热系统，其加热手段是通过电加热液体介质再通过散热片加热车内空气，加热导体的电阻值随温度升高而增大，从而满足电动汽车的加热要求（能在冬季加热到25°左右），PTC加热器的功率至少需要达到3500W。典型PTC加热器的基本参数见表3-2-1。

表 3-2-1　典型 PTC 加热器的基本参数表

项目	技术要求	试验条件
额定输入电压	随动力蓄电池电压	336V
额定功率	3500W	环境温度：(25±1)℃ 施加电压：DC(384±1)V 风速：4.5m/s
功率偏差率	-10%～10%	
冷态最大起始电流	20A	环境温度：(25±1)℃ 施加电压：DC(336±1)V
单级冷态电阻	80～300Ω	在(25±1)℃环境下，放置大于30min后测量

（七）电动压缩机

新能源汽车的空调制冷系统主要由电动压缩机、冷凝器、膨胀阀、蒸发器及管路组成，该制冷系统和传统汽车制冷系统的结构基本相同。与新能源汽车相比，传统汽车制冷系统由连接发动机的压缩机提供压力进行制冷，而新能源汽车的压缩机由电驱动，因此也称为电动压缩机。图3-2-11所示为电动压缩机。

空调制冷系统组成与原理

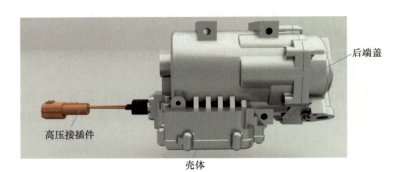

图 3-2-11 电动压缩机

电动压缩机的额定输入电压为直流 384V 左右，为了满足制冷的要求，其参数见表 3-2-2。

表 3-2-2 新能源汽车电动压缩机参数

额定输入功率	2437W
控制电源电压范围	DC 9~15V
控制电源最大输入电流	500mA
电机类型	直流无刷无传感器电机，6 极
额定转速	6500r/min
最小转速	1000r/min
转速误差	<1%
排量	27cc/rev
制冷剂	R134a
冷冻油	RL68H；(POE68)
制冷量	4875W
额定输入功率	2437W
控制电源电压范围	DC 9~15V

不同品牌的电动汽车的各高压部件的设计会有区别，不同功率要求的电动汽车的高压部件也不一样，例如比亚迪电动汽车设计的是五合一系统，原因是电动汽车未来的发展是越来越高度的集成化，高压部件的趋势是结构上最终只有两大结构：电源主体部件和动力部件。

电源主体部件包含了高压蓄电池包等，动力部件结构上集成了驱动电机、高压控制器、DC/DC 变换器、PTC 和电动压缩机等。这样的电力集成减少了连接的高压线束，监控的方式可以更密集和实时，大大提高了电动汽车的安全性和可靠性，但需要基础元器件小型化，例如电机的小型化、半导体元器件的微型化和新型低阻高机械性的导电材料的普及等才可实现。

二、高压线束认知

所有新能源汽车高压部件均需要特定的高压线束进行连接，起到传递高压电的作用。高压线束主要有快充和慢充高压线、蓄电池包到高压盒的高压线、高压盒到电机控制器的高压线和电机高压线等。本任务主要阐述的高压线束包括充电接口、高压插接器、维修开关和线束的结构。

（一）高压线束的结构

由于新能源汽车的特性，其车内负载的高压已经大幅度超出人体安全电压承受极限（交流

高压线束的内部结构

低于36V，直流低于60V），车身不可像传统汽车低压（12V）系统一样作为电源负极的整车搭铁点，因此在高压线束系统的设计上，直流高压电回路必须严格执行双轨制，即正、负极必须是独立的高压线束连接。图3-2-12所示为高压线束内部结构。

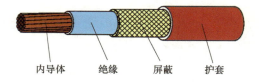

图3-2-12　高压线束内部结构

高压线束在新能源汽车中通常以橙色护套包裹，不同于传统汽车的低压黑色线束（或黑色胶带缠绕的控制系统布线），橙色高压线束在车内布局中更容易被发现，也更容易起到警示作用，防止工作人员在作业过程中出现安全事故。图3-2-13所示为新能源汽车高压线束布置。

图3-2-13　新能源汽车高压线束布置

（二）高压线束的设计要求

高压线束的内导体为了增加线束的机械强度，一般不采用实心电缆的设计，而是由多芯的细铜丝铰接而成；考虑到电动汽车采用大量的变频技术，导致电磁环境的复杂性和电动汽车设备的高度集成的相互干扰，高压线束需要对电磁干扰进行屏蔽，以满足电磁兼容性的要求，所以高压线束在绝缘层和护套之间有使用金属制成的屏蔽网。

根据GB/T 18384.3—2015《电动汽车安全要求　第3部分：人员触电防护》规定，在最大工作电压下，直流电路绝缘电阻应大于100Ω/V，交流电路应大于500Ω/V；常规电动汽车线束耐高压按额定电压600V设计，商用车及大型客车的线束耐压高达1000V；高压线束耐电流要达到200~400A。而且，电动汽车的高压线束的耐受温度要达到150℃或更高（视线束布置的位置确定），与传统汽车电缆的额定耐受温度105℃相比要高得多。

（三）高压插接器

高压线束作为新能源汽车高压部件连接的电能连通线束，除了设计及结构有要求以外，线束终端的连接端头也必须满足相应的高压线束连接条件。该连接端头就是高压插接器。高压插接器要达到线束本身的基本的性能，其作用是保证连接线的机械强度、无接触电阻、防水和具有连接处的屏蔽作用，为了检查、维修等的需要，还需要方便拆装。现今较常见的高压插接器种类按照材料分为金属插接器和塑料插接器。图3-2-14所示为金属插接器和塑料插接器。

为防止高压线束出现漏电情况，在高压插接器设计上考虑漏电及触电事故时会着重考虑电流过大出现高热量的耐热性和环境潮湿的防水性因素。金属插接器的外壳由铝合金或锌合金制成，插接器的绝缘层由热塑性阻燃工程塑料制成，关键的接触件由铜合金镀银构成，为了防水设计的密封由高强度的橡胶和弹性体构成。塑料插接器的外壳由热塑性工程塑料制成，屏蔽的

a) 金属插接器　　　　　　　b) 塑料插接器

图 3-2-14　金属插接器和塑料插接器

材料为铜合金箔材附在外壳内，接触件和防水设计与金属插接器是一样的。

以塑料高压插接器为例，其结构包括卡扣、锁止扣（CPA）和插头 3 部分。图 3-2-15 所示为塑料高压插接器的插入步骤。这种锁止结构在连接高压部件过程中保证了高压线束与高压部件连接的紧密性与正确性，使用过程中若不解除锁止扣，插接器将无法从高压部件连接件中拔出。结构完好的插接器在线束与高压部件接入过程中发出卡扣锁止的"咯哒"声，就代表高压线束与高压部件连接成功了。在新能源汽车中，这种结构尤其适用于一些高压部件插头在角落或插头在工作人员看不到的地方等不好操作的情况。在断电条件下，插接器与高压部件插头正确插入的基础上，通过插接器与高压部件锁止的声音就可以判断高压线束与高压部件的连接情况。

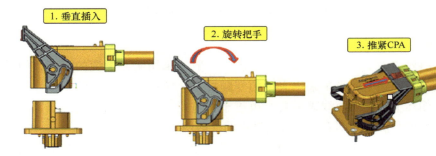

图 3-2-15　塑料高压插接器的插入步骤

在高压插接器插入时，把手需处于垂直位置，以防把手未到位造成产品损坏；垂直插入后，当把手入口处内圆与侧柱接触（无法再插入），旋转把手至平行位置，此时会有一声"咯哒"响；将红色 CPA 沿箭头向右推入，并与把手贴合，完成插头插入过程。

拔出时，将 CPA 向左推，CPA 解锁；旋转把手至垂直位置，用手握住卡扣的主体部分，顺势将插头提起。图 3-2-16 所示，为高压插接器的拔出步骤。

（四）维修开关

通常情况下，在新能源汽车的驾驶室中间扶手箱内均装有一个维修开关。维修开关又称为手动维修开关（MSD），是一种为了保护在高压环境下维修电动汽车的技术人员安全或应变某些突发的事件，可以快速分离高压电路的连接，使维修等工作处于一种较为安全的状态的应急救援必备的断开装置。在工作人员需要碰触高压部件或线束工作时，应拔下维修开关保证车辆各高压部件断电。图 3-2-17 所示为维修开关。

值得一提的是，在某些新能源汽车中，不存在维修开关，对这种新能源汽车进行高压操作时，通常采用断开高压控制盒与动力蓄电池之间的连接的方法断开高压连接。此时该新能源汽

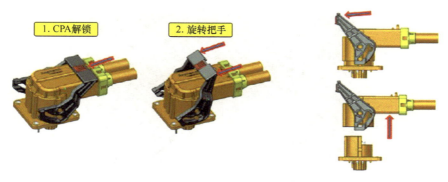

图 3-2-16　高压插接器的拔出步骤

图 3-2-17　维修开关

车的动力蓄电池到其他高压部件之间的连接断开，可以进行一系列的高压作业。

与新能源汽车钥匙上、下电不同的是，维修开关断开的是动力蓄电池输出的高压线束，即断开了高压连接。但同时，蓄电池包在维修开关插座上的失效电压为总电压的一半，这一半电压对于人体安全来讲也属于危险电压范畴。因此，为了保障作业人员的安全，维修开关基座必须采用防触指设计，如图 3-2-18 所示。

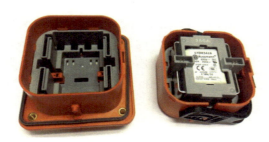

图 3-2-18　防触指设计的维修开关

（五）充电接口

新能源汽车的动力蓄电池属于高压供能部件，充电线路连接需要考虑到动力蓄电池的高压工作环境，因此新能源汽车的充电接口需要由高压线路来进行连接。根据新能源汽车充电电能的不同，其充电方法可以分为交流充电与直流充电两种，也就是俗称的慢充与快充。根据2015年的规定，交流额定电压不超过440V，频率50Hz，额定电流不超过63A；直流额定电压不超过1000V，额定电流不超过250A。图 3-2-19 所示为新能源汽车充电接口。

新能源汽车上的充电接口将连接充电桩以接收其提供的电能，在对车辆验电及漏电检验操作完成后，才能对车辆进行充电。图 3-2-20 所示为快充接口插头与插座。

图 3-2-19 新能源汽车充电接口

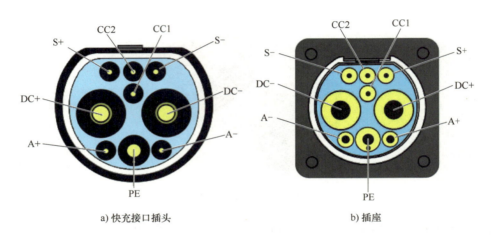

a) 快充接口插头　　　　　　　　　b) 插座

图 3-2-20 快充接口插头与插座

快充接口共有 9 个接口，分别是 DC-：直流电源负；DC+：直流电源正；A-：低压辅助电源负极；A+：低压辅助电源正极；CC1：充电连接确认；CC2：充电连接确认；PE：车身地（搭铁）；S+：充电通信 CAN-H；S-：充电通信 CAN-L。

慢充接口主要是使用 220V 电压进行充电的情况下使用，慢充充电速度相对较慢，通常在夜间不使用车辆的时候进行充电。与慢充接口一同配置在新能源汽车上的还有车载充电枪，其使用的家用插座要求额定电流必须达到 16A 并带有接地线，否则会因为电流过大引起插座燃烧等事故。图 3-2-21 所示为慢充接口与车载充电枪。其中，慢充接口分别是：CP：控制确认线；CC：充电连接确认；PE：车身地（搭铁）；L：三相交流电源；NC1、NC2：备用触头；N：交流电源中线。

a) 慢充接口　　　　　　　　　b) 车载充电枪

图 3-2-21 慢充接口与车载充电枪

学习任务三　新能源汽车高压断电验电操作

任务描述

小王所在 4S 店的新能源汽车维修工学徒在车间内进行操作学习，一辆新能源汽车出现高压断电故障，小王将对新入店的新能源汽车维修工学徒进行新能源车辆断电和验电操作的演示。在演示过程中，小王需要注意哪些事项才能合理安排这次培训内容？

学习目标

1）能正确地对车辆进行断电操作。
2）能正确地对车辆进行验电操作。
3）能熟记车辆断电规范流程。
4）能熟记车辆验电规范流程。

相关知识

一、新能源汽车断电

新能源汽车在通、断电的运作过程中，控制逻辑是通过采集钥匙及踏板等驾驶人的动作信号，通过 CAN 总线、蓄电池管理系统（BMS）及电机控制器（MCU）等子系统进行通信，来控制整车安全高压通、断电，同时在通、断电过程中，准确诊断出车辆动力系统的高压故障并迅速做出相应处理。

值得注意的是，新能源汽车在诊断或维修过程中，必须将车辆连接的电路全部断开，以保证作业人员在工作过程中的安全。同时，电路断开后短时间内不能进行作业，需要等待车辆高压部件中的电容放电完成后，车辆不存在高压电时才能对车辆进行作业。这个将车辆连接电路断开的过程称为新能源汽车的断电过程。

新能源汽车断电也可以称为下电。通常情况下，新能源汽车的断电主要指高压系统断电，但为保证车辆作业安全，某些新能源汽车在为高压系统断电的同时也会为低压电路系统断电，以此来保证整个新能源汽车的完整断电状态，防止作业人员在误操作的时候出现安全隐患。在断电作业中，需要遵守新能源汽车断电安全规定、断电操作流程以及断电注意事项。

课堂笔记

（一）断电安全规定

在电工作业相关作业规程中，只要涉及对超过人体安全电压、电量作业的内容，均需要获得国家安全生产监督管理总局核发的特种作业操作证，电工作业人员需要遵守电工作业安全操作规程，坚持维护检修制度，特别是高压检修的安全，必须坚持工作票、工作监护等工作制度。

在电工作业规定中，作业环境超过 1000V 的交流电或 1500V 的直流电均属于高压作业范畴，因此新能源汽车的操作属于低压电工作业范畴。值得注意的是，在通过低压电工作业相关培训及考核工作后，相关人员并不能直接上岗进行作业，还需要通过对应岗位的一系列安全培训后，在监督人员的陪伴下才能够入岗进行操作。

虽然新能源汽车中的电能系统模块属于低压电工范畴，但几百伏的电压也远远超过人体所能承受的安全电压，因此新能源汽车中只要是高于人体安全电压的系统都称为高压系统。较高的工作电压对电源系统与车辆底盘之间的绝缘性存在高要求。

对于新能源汽车的高压电系统需要检测的参数有：

高压电器参数：高压系统电压、电流，高压总线剩余电量。

高压电路参数：动力蓄电池绝缘电阻、高压总线等效电容。
非电测量参数：环境温度和湿度。
数字测量参数：开关量的输入和输出。

根据电动汽车和人体安全标准，在最大交流电工作电压小于660V，最大直流工作电压小于1000V以及整车质量小于3500kg的条件下，新能源汽车的高压安全要求如下：

1）人体的安全电压低于36V，触电电流和持续时间乘积的值小于30mA·s。
2）绝缘电阻除以蓄电池的额定电压应该大于100Ω/V，交直流组合电路绝缘阻值应大于500Ω。
3）对于各类蓄电池，充电电压不能超过上限电压的30%。
4）对于高于60V的高压系统的上电过程至少需要100ms，在上电过程中应该采用预充电过程来避免高压冲击。
5）在任何情况下继电器断开时间都应小于20ms，当高压系统断开后1s内，新能源汽车任何导电部分和可接触的部分对地电压峰值应小于交流42.4V或直流60V。

（二）断电操作流程

新能源汽车断电操作流程如下：

1）作业现场环境检查，设立隔离柱，布置警戒线，隔离间距保持在1~1.5m，如图3-3-1所示。

图3-3-1　布置新能源汽车维修区域

2）隔离柱或作业环境内张贴标注"高压危险""有电危险""禁止合闸"等警示牌，防止他人误碰。
3）检查维修工位绝缘垫是否破损、脏污，若破损、脏污严重，则停止维修作业，及时清理或更换绝缘垫。
4）作业前检查防护用具。检查内容包括：
① 检查绝缘手套外观是否龟裂、老化，气密性是否良好。
② 检查护目镜镜面是否有划痕、裂纹，镜带是否松弛、失效。
③ 检查安全帽外观有无破损，佩戴时必须紧固锁扣。
④ 检查绝缘鞋外观是否良好，是否有开胶、断底等现象。如有，则更换。
5）作业前检查仪表工具。检查内容包括：
① 检查维修工具车及工具是否放置在车辆左前方，检查三件套等防护套是否齐全。
② 检查绝缘万用表测试线束及表笔是否破损、折断，功能按钮是否正常显示。
③ 检查绝缘工具外观绝缘层是否破损严重，工具数量是否有缺失。
④ 检查放电工装测试线束及表笔是否破损、折断，功能是否正常。
6）关闭钥匙开关，将钥匙安全存放。关闭车辆钥匙开关，将车辆钥匙锁入维修柜或由监督

项目三 新能源汽车高压系统认知

人员保管，保证他人不会误拿。按照对角线方向，分别在前、后车轮位置安装车轮挡块。

7）封闭充电口，断开辅助蓄电池负极连接，快、慢充电口需用醒目胶带封闭并等待约 10min。

8）拆卸维修开关，将维修开关锁入维修柜，防止他人碰触，在拆卸维修开关处放置"有电危险"的警示帖。

9）断开动力蓄电池高压插接件或线束，将线束插头用醒目绝缘胶带缠绕封闭并等待 10min，让车辆电容放电完成。使用万用表或断电检查工具进行检查，确定断电后才可开始作业。图 3-3-2 所示为断电检查工具。

10）作业完成后，收集工具设备，整理现场，安全接回车辆线束及维修开关，完成所有步骤后，撤掉隔离柱等安全警示设备，放置"车辆带电"警示标识。

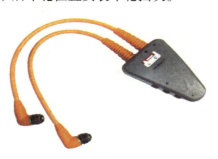

图 3-3-2 断电检查工具

（三）断电注意事项

断电过程中的注意事项如下：

1）高压插接件断开后，使用万用表对其进行测量，电压在 36V 以下时才能进行下一步作业。

2）新能源汽车所有橙色线路均为高压系统线路，拆卸时必须佩戴防护用具。

3）不得将喷水软管和高压清洗装置直接对准高压部件作业。

4）高压部件插接口上不能使用润滑油、润滑脂和触电清洗剂等。

5）在高压导电部件附近进行作业时，需将高压系统断电。

6）所有松开的高压插接头必须严防浸水和污物，损坏的线束必须更换。

7）佩戴有电子/医学生命和健康维持装置的人员不得检修高压系统（包括点火系统）。

8）测量仪器必须符合高压系统测量规格。

二、新能源汽车验电

在电工行业，设接地线前进行验电可以确定停电设备是否有电压，以保证装设接地线人员的安全，防止带电装设接地线或带电合接地隔离开关等。

验电应使用相应电压等级、合格的接触式验电器。保证安全的技术措施包括：停电、验电、接地及悬挂标示牌和装设遮栏（围栏）。电工行业的验电过程或环节对于用电安全来讲是一个必不可少的过程，验电过程的操作不当、不规范、环境考虑不周等直接或间接因素都将影响验电结果。若验电手段不是完全准确或安全的，会给验电人员造成不可挽回的损伤。

验电器是一种检测物体是否带电以及粗略估计带电量大小的仪器。当被检验物体接触验电器顶端的导体时，自身所带的电荷会传到玻璃罩内的箔片上。由于同种电荷相互排斥，箔片将自动分开，张成一定角度。根据两箔片张成角度的大小可估计物体带电量的大小。其实这是箔片所受电场力包括箔片上同名的电荷的斥力和器皿内壁异名电荷的吸引力。如果将玻璃瓶改为使用金属盒以便屏蔽静电、金属棒和器皿引出导线以便测量两点间电动势差、增加刻度以便将结果量化，那么验电器可以改造为更精确的静电计。图 3-3-3 所示为验电器的结构。

图 3-3-3 验电器的结构

对于新能源汽车来说，在对其进行断电操作前、后，都需要对车辆的状态信息进行确认，才能对车辆进行其他碰触操作。因此，从某种程度上来讲，断电和验电是同时存在、缺一不可的。

车辆断电前对其进行验电操作主要是确认车辆断电前状态，是否存在漏电嫌疑或漏电危险，在判定车辆存在漏电危险或工作环境具备触电危险的前提下、禁止对车辆进行下电操作。同样的，在车辆断电前进行验电能判定车辆高压设备是否存在不绝缘问题，一旦验电过程中发现车辆高压部件绝缘阻值不达标，则应当立即终止作业或找出绝缘故障后才能继续作业。

断电操作后，验电作业除了判定车辆是否存在满足操作条件的绝缘电阻及漏电安全工作环境以外，还需要同时确认此时车辆电容是否放电完成，车内存在电压是否超过安全电压，车辆高压系统是否已经全部断电以及对作业人员是否存在安全隐患等问题。在完成这一系列验电作业后，确认车辆不存在漏电或触电危险后才能对车辆进行作业。

车辆验电作业中，需要遵守：验电操作流程和验电注意事项。

（一）验电操作流程

新能源汽车验电操作流程包括断电前验电和断电后验电。

断电前验电：

1）穿戴配套绝缘防护装备，检查绝缘防护装备是否可用。若存在损坏或绝缘组织不达标，则应立即更换。检查内容包括：

① 检查绝缘手套外观是否龟裂、老化，气密性是否良好。

② 检查护目镜镜面是否有划痕、裂纹，镜带是否松弛失效。

③ 检查安全帽外观有无破损，佩戴时必须紧固锁扣。

④ 检查绝缘鞋外观是否良好，是否有开胶、断底等现象。如有，则更换。

2）拿出验电仪器（钳形电流表或绝缘电阻测试仪），检查验电仪器是否存在损坏情况，校准验电仪器。这里以绝缘电阻测试仪当作验电设备进行验电操作，检查内容包括：

① 检查绝缘电阻测试仪结构是否松动、导线是否破损。

② 检查绝缘电阻测试仪触头是否折断、按钮是否完好。

③ 检查绝缘电阻测试仪测量是否准确、是否能校零。

3）对绝缘垫进行绝缘检测，检测内容包括：

① 检查绝缘垫是否存在破损现象。

② 检测绝缘垫中心及四角的绝缘电阻是否满足绝缘要求，如不符合，则应立即更换。

4）对车辆高压母线与车身之间进行绝缘检查。如检测结果低于绝缘规定值，说明车辆存在漏电现象，应立即处理车辆漏电故障。如测量结果正常，则车辆状态良好，可以进行断电操作。

断电后验电：

1）穿戴配套绝缘防护装备，准备验电。

2）检查断电检查工具外观是否完好、插头是否松动。

3）动力蓄电池处断电验电，如显示电压与断电电压不一致，则说明车辆未断电，如图3-3-4所示。

4）动力蓄电池负极与搭铁之间验电，检测过程中，电压如果不为0，说明车辆存在漏电或短路故障，如图3-3-5所示。

5）在变换器的蓄电池连接处进行验电，测量值应该低于3V；打开再关闭点火开关，重新测量，点火开关的转换会导致中间电路电容放电，但一旦断路，在验电过程中电压将不会有变化；如果测量值高于7V，则说明中间电路电容放电没有完成或变换器有故障，如图3-3-6所示。

（二）验电注意事项

验电过程中注意事项如下：

1）所有验电过程必须穿戴高压防护用具。

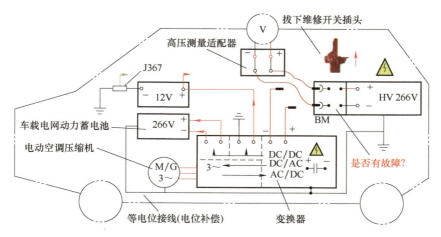

图 3-3-4　动力蓄电池处断电验电

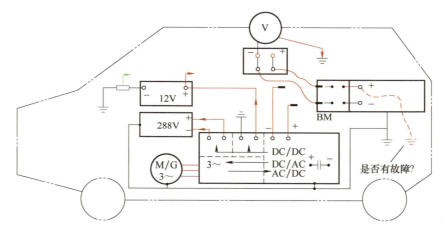

图 3-3-5　动力蓄电池负极与搭铁之间验电

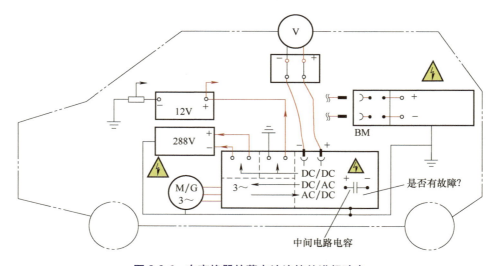

图 3-3-6　在变换器的蓄电池连接处进行验电

2）所有验电仪器必须严格检测，防止出现损坏漏电等危险情况。
3）不得将喷水软管和高压清洗装置直接对准高压部件作业。

4）高压部件插接口上不能使用润滑油、润滑脂和触电清洗剂等。

5）验电过程中，所有高压线束及零部件均需密封妥善保存，不得与水或任何导电介质进行接触。

6）佩戴有电子/医学生命和健康维持装置的人员不得进行验电作业（包括点火系统）。

7）测量仪器必须符合高压系统测量规格。

项目四 新能源汽车维修安全操作

学习任务一 新能源汽车维修规范认知

📋 任务描述

小王所在的4S店今天接待了一位准备对自己的新能源汽车进行全面检查的客户。客户发现为自己车辆进行检查的技师十分年轻,不禁有些不放心,因此向小王询问该技师的操作是否合规。作为一名优秀的服务接待,小王该如何向客户解释新能源汽车维修的安全规范和维修资质,以平复客户的不安心情?

📚 学习目标

1) 能准确地描述新能源汽车维修资质的等级与获得方式。
2) 能准确地描述新能源汽车维修资质各等级的作业范围。
3) 能正确地执行新能源汽车维修的安全规范。

🔄 相关知识

一、新能源汽车维修人员资质

我国将高于1000V的电压定位为高压电,电压低于1000V的电压定位为低压电,12V的电压则属于"微电压"。由于12V的直流电压远小于安全电压范围,所以维修人员只需要了解电路的基础知识,即可对传统燃油车辆进行检修;而新能源汽车的工作电压通常上百伏,显然是人体无法承受的,因此,维修人员必须经过相应的高压电气作业培训才能具备新能源汽车的维修资质。

目前,我国的新能源汽车维修资质主要分为三级。

(一) 一级资质

新能源汽车维修的一级资质通常是指接受过高压电气作业安全指导的人员,所接受的安全指导通常由高压电气工程师在操作开始前进行,指导员工了解高压系统带来的电气危害,使员工熟悉高压部件的标记和车辆安全操作方法。

所有需要在新能源汽车上完成作业的员工必须至少有一级资质。事实上,只要高压系统运行正常,所有售后技术人员都允许进行新能源汽车的一般性维修工作(如混合动力汽车更换机油、纯电动汽车更换轮胎等),但前提是需要高压电气工程师预先识别可能存在的危险,再指导操作任务的分配、不当作业时的潜在危险以及必要的防护装置和安全措施等,并承担技术职责。

同时，在接受了充分的作业指导后，一级资质人员应具备足够的新能源汽车高压系统维修能力。为此，高压电气工程师和一级资质人员在每次作业风险提示后，双方都必须签署相关的指导确认文件。

一级资质人员需要具备的能力主要包括：能够正确识别新能源汽车的类型、能够准确识别车载高压部件、熟悉高压系统及部件的基本结构、深刻理解高电压系统的危险性、正确认知自己在允许操作电压下的作业范围、能够在配备高电压系统的车辆上进行目测检查，并且能够在保证安全的情况下，完成非高压系统的维护、检修工作。

（二）二级资质

要对新能源汽车高压系统进行维修，维修人员必须通过针对高压系统及部件的培训认证。通过培训认证后的高压电气工程师可以对新能源汽车高压系统及部件进行检修；同时，可以对未经过认证的维修人员进行指导，使其他维修人员具备一级资质。

二级资质人员需要具备的能力主要包括：能够正确讲述高压系统的电气危害、能够确定针对高压系统的保护措施、能够断开车辆上的高电压并在工作期间保持断开状态、能够在整车断电后对高压系统进行检修、能够在整车断电后对高压部件进行更换。

目前，我国对于二级资质认证主要包括两方面：一方面，必须通过高压系统理论和实操培训认证，证明员工具备工作能力和知识；另一方面，必须经过相关具体车辆的车型认证。必须同时具备两项认证，才有资格对认证的车型进行高压检修。

高压系统理论和实操培训认证是获得国家应急管理部（原国家安全生产监督管理总局）颁发的特种作业操作证（低压电工证），认证证书如图4-1-1所示。而通过具体车辆的车型认证，则必须经过新能源车型厂家针对具体车型的培训与考核，认证证书如图4-1-2所示。由于不同品牌的技术路线不尽相同，同一品牌不同代系车型的技术也在不断发展，因此针对具体车型的认证无法通用。

图4-1-1　低压电工证

图4-1-2　二级资质认证（高电压工程师）

经销商或受其委托的管理人员需要为企业劳动保护负责，所以在安排工作时，必须确保只有满足上述条件并具备认证资质的员工才能在搭载高压系统的新能源汽车上进行作业；同时，如果需要对高压系统或部件进行检修或相关操作时，必须确保整个系统始终处于断电的情况，从而最大限度地避免危及员工生命和健康。另外，进行认证培训的培训师必须是通过培训师认证的人员，并具有一定的高压系统检修经验。

（三）三级资质

三级资质是指能够在带电状态下进行高压系统作业的资质，如进行接触电阻故障的检测和高压部件内部电路的维修。目前，主流品牌在国内通常只开放到二级资质，即不允许技术服务人员带电进行高压作业。

二、新能源汽车维修安全规范

（一）新能源汽车维修流程

1）在维修作业前，应预先对工位采取安全隔离措施（如使用警戒栏隔离等），然后管理人员引导新能源汽车进入专用维修工位，维修人员在接受启动钥匙后，立刻在维修工位设置高压警示标识。布置好的工位如图4-1-3所示。

图4-1-3　新能源汽车维修工位

2）维修人员必须佩戴必要的安全防护用品，如绝缘手套、绝缘鞋、绝缘胶垫和防护镜等（图4-1-4），其耐压等级必须大于需要测量的最高电压。需要注意的是：使用前必须检查绝缘用品是否有破损、破洞或裂纹等，应完好无损，确保安全；不能带水进行操作，保证内、外表面洁净、干燥，确保安全。

图4-1-4　必要的安全防护用品

3）在维修高电压部分之前，将车身用搭铁线连接到新能源汽车专用维修工位的接地线上，然后对新能源汽车进行断电和验电操作。

4）在维修人员对车辆进行检修时，必须设置专职监护人1名，如图4-1-5所示。监护人的工作职责为监督维修的全过程，主要包括：监督维修人员的工具使用、防护用品佩戴、备件安全保护、维修安全警示牌等是否符合要求；检查维修开关的接通和断开；负责对维修过程中的安全维修操作规程进行检查；当发生触电事故时，监护人负责立即采取有

图4-1-5　专职监护人员

效措施执行急救。

注意：监护人要认真负起责任，确保维修过程的安全，避免发生安全责任事故；监护人及维修人员必须具备国家认可的特种作业操作证（电工）与初级（含）以上电工证（职业资格证书）；监护人及维修人员必须经过车型对应厂商新能源车型的培训，并通过考核。严禁未经培训的人员进行高压部分检修，禁止一切带有侥幸心理的危险操作，避免发生安全事故。

5）检修完成后，必须依照次序将点火开关置于 OFF 位置；安装所有诊断时拆下或更换的部件或插接器；在拆下或更换部件或模块时，可能需重新进行程序的设定；将点火开关置于 ON 位置；清除故障码；将车辆与启动钥匙一并交还给管理人员。

（二）安全维修操作规范

1）在检修前，需要确认车型高压部件的位置及整车线束连接。整车橙色线束均为高压线；高压部件包括：蓄电池包、高压配电箱、车载充电机、驱动电机、电机控制器、DC/DC 变换器、空调压缩机、PTC 加热器等。

2）维修高压系统前必须进行高电压禁用操作，车辆在上电状态或充电过程中不允许对高压部件进行拆装、维修等工作。

3）检修高压系统时，点火开关必须于 OFF 位置（若为智能钥匙系统，则使车辆不在智能钥匙感应范围内，并且车辆处于非充电状态），并拔下维修开关。维修开关拔下后，由专职监护人员保管，并确保在维修过程中不会有人将其插到高压配电箱上。需要注意的是断开维修开关只是切断了从高压配电箱到各个高压用电设备的电源，并不能切断蓄电池包到高压配电箱的电源，当需要维修或更换高压配电箱时，应小心地拔出连接蓄电池包的电缆正、负极高压接插件，使用绝缘胶带包好裸露出的桩头，避免触电。

4）在断开维修开关 5min 后，检修高压系统前应使用万用表测量整车高压回路，确保无电。确定方法：拔下维修开关手柄后，测量蓄电池包正极和车身之间的电压来初步判断是否漏电，若检测到电压不小于 50V，应立即停止操作，并按规定对蓄电池包进行漏电检查。使用万用表测量高压时，需注意选择正确量程，检测用万用表精度不低于 0.5 级，要求具有直流电压测量档位，量程范围不小于 500V，并遵守"单手操作"原则，每次测量时只能用一只手握住表笔；测量过程中，严禁触摸表笔金属部分。

5）对于车辆维修过程中的高压配件，必须标识明显的高压勿动警示，并禁止将带有高电压的部件放置在无人看管的环境下；更换高压部件后，需测量搭铁是否良好；高压部件的固定点和电缆接口必须按照标准力矩拧紧。

6）调试低压电路前，必须断开维修开关；调试高压电路时，必须由专职监护人指挥装配维修开关；调试高压电路必须在低压电路调试好的前提下进行，便于判断蓄电池包是否有漏电的情况。如有漏电情况，应及时检查，不能进行高压电路调试。

7）检修或更换高压线束、油管等经过车身钣金孔的部件时，需注意检查与车身钣金的防护是否正常，避免线束、油管破损。

8）整个检修过程中，禁止未取得认证的维修人员进入工位。

（三）安全维修注意事项

1）在维修作业前，应采用安全隔离措施（使用警戒栏隔离），并树立高压警示牌，以警示相关人员，避免发生安全事故。

2）高压系统修理与维护过程中，维修人员禁止带有手表、金属笔等金属物品在身上。

3）在维修高压部分过程前，应将车身用搭铁线连接到混合动力及纯电动车型专用维修工位的接地线上。

4）拆装蓄电池包总成时，首先把高压配电箱连接高压线束插接件用绝缘胶带缠好，拆装过程不要损坏线束，以免发生触电危险。

5）在检修有电解液泄漏的蓄电池包时，需佩戴防护镜，以防止电解液溅入眼中。

6）在车辆上电前，注意确认是否还有人员在进行高压维修操作，避免发生安全事故。

7）检修高压线束时，对拆下的任何高压配线应立刻用绝缘胶带包扎绝缘；高压线束装配时，必须按照车身固定孔位要求将线束固定好。

8）不能用手指触摸高压线束插接件里的带电部分以免触电，另外应防止有细小的金属工具或铁条等接触到插接件中的带电部分。

9）发生异常事故和火灾时，操作人员应立即切断高压回路。

10）其他未尽事项参考燃油汽车维修的操作规范。

学习任务二　纯电动汽车高压系统绝缘检测

任务描述

纯电动汽车高压系统的绝缘性能对车辆的正常运行及所乘人员、货物的安全起着至关重要的作用。作为维修技师，你是否知道纯电动汽车高压系统具体的绝缘要求？你是否能够独立完成纯电动汽车高压部件的绝缘电阻值测量并判断其是否合格？

学习目标

1）能准确地描述纯电动汽车高压系统的绝缘要求。
2）能正确地测量纯电动汽车高压系统的绝缘电阻值。
3）能正确地判断纯电动汽车的高压绝缘是否合格。

相关知识

一、纯电动汽车高压系统的绝缘要求

新能源汽车上包含各种高压电气设备，良好的绝缘不仅能保证电气设备和电力电路的正常运行，还能防止操作人员发生触电事故。

依据《电动汽车安全要求》（GB/T 18384.3—2015）的相关要求，新能源汽车基本上都存在B级电压电路，应防止人员与B级电压电路的带电部分直接接触，因此要求B级电压电路应根据国家相关法规要求拥有足够的绝缘电阻。如果不是通过隔离，而是通过绝缘材料来提供触电防护，则电气系统的带电部分应当全部用绝缘体包裹。

绝缘材料应能承受电动汽车及其高压系统的温度等级和最大工作电压。绝缘体应有足够的耐电压能力，并按照国家法规要求进行试验且不应发生绝缘击穿或电弧现象。对于新能源汽车而言，其最大工作电压应为充电电压，通常可以使用动力蓄电池电压的1.2倍进行估算，因此在对新能源汽车进行绝缘监测时，必须选择大于动力蓄电池电压1.2倍的档位进行测量。例如动力蓄电池电压为450V时，需要使用绝缘电阻检测仪1000V档位进行绝缘电阻值的测量；而动力蓄电池电压为300V时，需要使用绝缘电阻检测仪500V档位进行绝缘电阻值的测量。

在最大工作电压下，直流电路中绝缘电阻的值应大于100Ω，交流电路中绝缘电阻的值应大于500Ω。对于新能源汽车而言，大多数新能源汽车都使用交流电机作为驱动电机，因此无论动力蓄电池的电压值多大，通常都采用大于500Ω的绝缘电阻作为绝缘安全的标准。

根据绝缘材料防止人员触电的基本作用，可以确定绝缘监测的基本原则，即绝缘电阻检测仪的两个表笔应该分别放在具有高电压的电路位置和人员可能接触的位置，从而判断出高压电源与人员触碰位置间的绝缘电阻值与绝缘是否合格。这一原则适用于包括新能源汽车高压部件、

高压线缆、绝缘护具、绝缘工具等绝缘监测场景。

二、绝缘护具的绝缘检测

绝缘护具的绝缘能力会随着时间或磨损而降低。因此，在绝缘护具使用之前，除了需要对其进行常规的外观检测，确认是否有破损之外，还应定期对绝缘护具进行绝缘检测，并随着绝缘电阻的减小逐步缩短绝缘检测的周期。

新能源汽车的绝缘护具通常使用耐受1000V的标准，因此进行绝缘护具的绝缘电阻值测量时：选择绝缘电阻测试仪的档位到1000V档。以绝缘胶垫的检测为例，根据绝缘检测的基本原则，两个表笔充分接触绝缘胶垫的上表面与地面。长按测试按钮直至读数稳定，然后读取绝缘电阻示数并与标准值进行比较。这里需要特别注意的是：在测量的过程中，两个表笔切勿使用笔尖竖直向下的测量方式，以防止在测量过程中造成绝缘胶垫的损坏和磨损，建议使用表笔倾斜的方式进行测量，如图4-2-1所示。

对于使用周期较长、耐压等级较高的绝缘护具，需定期进行耐压试验。以绝缘鞋为例，绝缘鞋耐压测试应在特制的水箱内进行，如图4-2-2所示。试验时，绝缘鞋耐压测试仪的水箱内装满水，水箱对地绝缘。将绝缘鞋内装上水，置于水箱内。绝缘鞋内、外水面不能高于绝缘鞋端面部以下5cm，而且要求露出水面的部分保持干燥清洁，防止加压时内、外水面沿端部产生沿面放电。测试设备通电后1min内绝缘鞋泄漏电流不得超过7.5mA，否则视为不合格，禁止再用作绝缘安全护具。

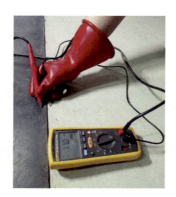

图4-2-1　绝缘胶垫绝缘检测

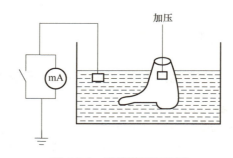

图4-2-2　绝缘鞋耐压检测

三、绝缘工具的绝缘检测

绝缘工具表面的绝缘层会因老化或用力过大造成开裂从而导致绝缘质量降低。因此在使用之前，除了常规地检查其是否破损、清洁、干燥外，还应定期测量绝缘工具的绝缘阻值。

新能源汽车的绝缘工具通常使用耐受1000V的标准，因此进行绝缘工具的绝缘电阻值测量时：选择绝缘电阻测试仪的档位到1000V档。以绝缘扳手为例，根据绝缘监测的基本原则，两个表笔充分接绝缘扳手的绝缘手柄（人员接触处）和开口金属部分（触碰高压电源处），如图4-2-3所示。长按测试按钮至读数稳定，然后读取绝缘电阻示数并与标准值进行比较。其他绝缘工具的绝缘监测可以参考上述方法，基本原则是找到人员接触处与高压电源处。

图4-2-3　绝缘扳手检测

四、新能源汽车高压系统绝缘检测

1. 绝缘电阻监测系统

新能源汽车按照国家法规要求需要装备绝缘电阻监测系统,以便对动力蓄电池及连接高压母线和车辆底盘之间的绝缘电阻进行定期(或持续)的监测。一般动力蓄电池管理系统承担绝缘故障检测功能,当检测到高压系统的绝缘电阻值不满足安全要求时,动力蓄电池管理系统将对应的绝缘故障码上报给上位机,整车上则由组合仪表来进行故障显示和故障灯报警,此时必须马上进行故障排查。

新能源汽车高压部件绝缘要求除满足绝缘电阻需大于 $500\Omega/V$ 外,不同耗电量和耗电功率的高压部件可能需要满足更高的绝缘要求。新能源汽车高压部件绝缘性能要求见表4-2-1。

表 4-2-1 高压部件绝缘性能要求

高压部件	标准值
蓄电池包	正、负极对车身地绝缘阻值≥20MΩ
车载充电机	高压输入端、输出端对外壳(车身地)绝缘阻值≥20MΩ
电机控制器、驱动电机	高压输入端、输出端对外壳(车身地)绝缘阻值≥20MΩ
空调压缩机	高压输入端对外壳(车身地)绝缘阻值≥20MΩ
PTC加热器	高压输入端对外壳(车身地)绝缘阻值≥20MΩ
交流充电口	L、N对PE的绝缘阻值≥20MΩ
直流充电口	DC+、DC-对PE的绝缘阻值≥20MΩ

高压负载的绝缘性包含两个部分,一部分是高压负载对电气平台的绝缘性能,另一部分是高压负载对低压电路的绝缘性能。为了避免不相干因素的影响,测量时需要遵守如下注意事项:

1)确保与动力蓄电池电源处于断开状态。
2)断开电路中所有电源、辅助电源。
3)测量点应全面覆盖所有外壳、框架。
4)确保全部待测高压负载导电件完整连接。

测量原则和测量方法与绝缘用具基本一致,在高压部件的高压端子与车身搭铁(高压负载壳体)之间或者高压部件的高压端子与低压电路之间施加较高直流电压,检测两部分之间的漏电流,进而计算出绝缘电阻。

2. 安全操作准备工作

1)使用诊断仪读取车辆故障码,确认发生绝缘故障的部件。
2)维修前,操作人员按规定穿戴好防护用具、检查工具的绝缘性。
3)整车下电,断开蓄电池负极接口、断开维修开关和断开直流母线。
4)等待5min或更久直至部件内电压不大于5V。
5)使用高压绝缘电阻检测仪测量部件高压输入端、输出端对外壳(车身搭铁)的绝缘电阻值。

3. 纯电动汽车的绝缘电阻检测

纯电动汽车的高压部件、高压线束都具有绝缘防护,以防止出现漏电现象。现以吉利EV450车载充电器分线盒与电机控制器与车载充电机的高压线束为例,介绍高压部件与高压线束绝缘检测的过程。首先,根据车辆故障码和维修手册确认该车需要检测的高压部件和高压线束的具体位置。

（1）高压元件绝缘电阻值检测　完成安全操作准备工作并等待高压系统电压下降到5V以下后，将高压绝缘检测仪的档位调至1000V，用高压绝缘电阻检测仪分别测量车载充电机端BV27的端子1（L，图4-2-4）与充电机壳体之间的电阻值并记录。标准电阻值：不小于20MΩ。

高压绝缘电阻检测仪的档位仍调至1000V，用高压绝缘电阻检测仪分别测量车载充电机端BV27的端子3（N）与充电机壳体之间的电阻值并记录。标准电阻值：不小于20MΩ。

车载充电机交流端绝缘检测如图4-2-5所示。

图4-2-4　BV27车载充电机线束插接器

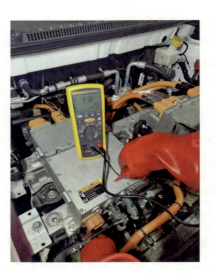

图4-2-5　车载充电机交流端绝缘检测

高压绝缘电阻检测仪的档位仍调至1000V，用高压绝缘电阻检测仪分别测量车载充电机端BV17的端子1（图4-2-6）与充电机壳体之间的电阻值并记录。标准电阻值：不小于20MΩ。

高压绝缘电阻检测仪的档位仍调至1000V，用高压绝缘电阻检测仪分别测量车载充电机端BV17的端子2与充电机壳体之间的电阻值并记录。标准电阻值：不小于20MΩ。

车载充电机直流端绝缘检测如图4-2-7所示。

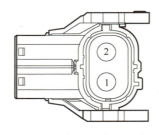

图4-2-6　BV17车载充电机线束插接器

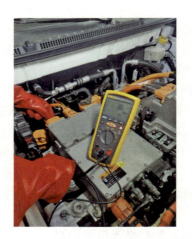

图4-2-7　车载充电机直流端绝缘检测

（2）高压线束绝缘电阻值检测　以吉利EV450的电机控制器与车载充电机之间连接线束的

绝缘性测试为例进行讲解。

【步骤1】 断开电机控制器与车载充电机间线束的物理连接。

操作启动开关使电源模式至 OFF 状态，断开电机控制器上的高压线束插接器 BV28（图 4-2-8），等待 5min。BV28 插接器的针脚为图中的 1 和 2 位置。

【步骤2】 检测电机控制器与车载充电机间高压线束的绝缘电阻值，如图 4-2-9 所示。

将高压绝缘电阻检测仪的档位调至 1000V，用高压绝缘电阻检测仪分别测量电机控制器端的线束插接器 BV28 的端子 1 与充电机壳体之间的电阻值并记录。标准电阻值：不小于 50MΩ。

高压绝缘电阻检测仪的档位仍调至 1000V，用高压绝缘电阻检测仪分别测量电机控制器端的线束插接器 BV28 的端子 2 与充电机壳体之间的电阻值并记录。标准电阻值：不小于 50MΩ。

图 4-2-8　车载充电机线束插接器 BV28

图 4-2-9　电机控制器与车载充电机间高压线束的绝缘电阻值检测

在测量连接线束绝缘电阻时，只断开连接线束的一端进行测量是因为如果发生绝缘故障，必然通过高压部件的壳体对外放电并造成安全隐患，所以只需测量线束中导线端子与另一连接端高压部件壳体的绝缘电阻即可。而对于已拆卸或尚未安装的独立高压线束，则可以根据绝缘电阻检测仪的两个表笔应该分别放在具有高压电的电路位置和人员可能接触的位置的基本原则，测量线束中导线端子与线束绝缘层之间的绝缘电阻，尤其是绝缘层存在划痕或裂纹的位置。

学习任务三　纯电动汽车高压互锁系统检测

任务描述

某吉利帝豪 EV450 纯电动汽车车主向 4S 店打来求助电话，说他的车起动不了。汽车被拖到 4S 站后，维修技师检查后发现该车高压互锁系统存在故障，需要对多个高压部件进行检测，所需工时较多，所需费用相对较高，因此建议服务顾问先与客户进行沟通、反馈以确定下一步维修方案。如果你是这个服务顾问，你准备怎么与客户进行沟通、解释呢？

学习目标

1) 能准确地描述新能源汽车高压互锁系统的作用。
2) 能准确地描述新能源汽车高压互锁系统的工作原理。
3) 能正确地完成新能源汽车高压互锁系统的检测。

> 相关知识

一、新能源汽车高压互锁系统

1. 高压互锁概述

高压互锁（HVIL）又称为危险电压互锁，是指通过使用低压信号来检查新能源汽车上所有与高压母线相连的各分路，包括整个蓄电池系统、导线、插接器、DC/DC 变换器、电机控制器、高压盒及保护盖等的电气连接完整性（连续性），在识别到回路异常断开时，及时断开高压电。

装置高压互锁是新能源汽车一项非常重要的防护措施。设计高压互锁回路的主要作用如下：

1）整车在高压上电前，确保整个高压系统的完整性，使高压处于一个封闭的环境下工作，提高安全性。

2）当整车在运行过程中高压系统回路断开或者完整性受到破坏时，需要启动安全防护。

3）防止带电插拔高压插接器给高压端子造成拉弧损坏，甚至造成人身伤害。

2. 高压互锁的工作原理

ISO 6469-3：2001《新能源汽车安全技术规范》第 3 部分：人员电气伤害防护中，规定车上的高压部件应具有高压互锁装置，当整个动力系统高压回路连接断开或者完整性受到破坏时，就需要启动安全措施，如报警或断开高压回路等。带有高压互锁功能的高压插接器的特点是有一个双线的小插头和插座，如图 4-3-1 所示。

图 4-3-1 高压互锁的插座

如图 4-3-2 所示，由于高压插头（高压插接器）中高压电源的正、负极端子和中间互锁端子的物理长度不一样，当要连接高压插头时，高压插头的电源正、负极端子先于中间互锁端子连接好；当要断开高压插头时，高压插头的中间互锁端子先于高压插头中的电源正、负极端子脱开，这样的设计避免了拉弧的产生。

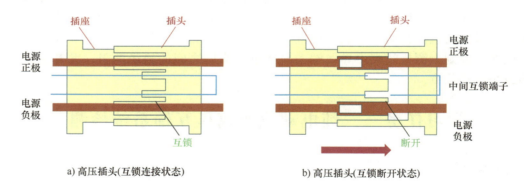

图 4-3-2 高压互锁插头连接机构及工作原理

高压互锁回路内还包括用于监测高压部件盖板是否可靠关闭的行程开关（开盖保护开关）。信号线将所有高压器件上的监测点全部串联起来，组成一条监测信号回路，即互锁信号回路。高压回路内某一个部位没有连接好时，互锁信号送入整车控制器内，整车控制器断开动力蓄电池对外供电电路。

高压互锁回路中还可以包括车辆碰撞和翻转信号。当整车发生碰撞（侧翻转）时，安全气囊碰撞（侧翻）传感器发出信号，触发断电信号，整车控制器使高压电源在毫秒级时间内断开，并利用高压系统余电放电电路将汽车高压部件电容端的电压在很短的时间内放掉，避免火灾或漏电引起的人员触电事故的发生，以保障安全。

高压互锁回路采用低压 12V 的信号电压进行监控，当高压系统电路连接良好时，整车控制器的互锁信号端输出低电平的信号，整车控制器判定高压系统线路连接正常，蓄电池包正、负极接触器闭合，蓄电池包正常工作。当高压系统电路连接异常时，如某个高压部件接插件松开或断开，整车控制器的互锁信号端输出高电平的信号，整车控制器判定高压系统线路连接异常，蓄电池管理系统立即切断蓄电池包的电流输出。某车的高压互锁回路如图 4-3-3 所示。

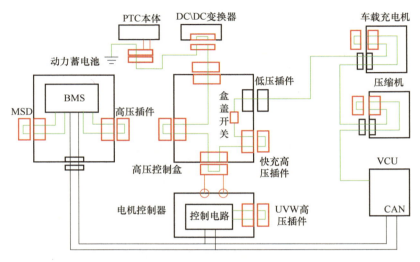

图 4-3-3　某车的高压互锁回路

总而言之，高压互锁电路从 VCU 输出信号，将所有高压部件串联在一起，只要有一个高压部件的插件松开或者断开，从 VCU 输出的信号将不能形成完整的回路，VCU 就会启动安全防护，断开动力蓄电池的高压电，从而保证高压电安全，避免造成事故或人员伤害。

二、新能源汽车高压互锁检测

以吉利 EV450 电动汽车为例，讲解高压互锁回路的互锁端子识别和故障检测方法。

1. 吉利 EV450 电动汽车高压互锁回路及其互锁端子识别

首先，根据吉利 EV450 电动汽车的高压互锁电路图（图 4-3-4）认识互锁回路。该互锁回路包含整车控制器（VCU）、PTC 加热器、空调压缩机、车载充电机、电机控制器这 5 个高压设备，以及相应的线束和插接器。VCU 的互锁输入端子为线束插接器 CA66（图 4-3-5）上的端子 58，而输入端子为线束插接器 CA67（图 4-3-6）上的端子 76；而 PTC 加热器的输入端子和输出端子都位于线束插接器 CA61 上，空调压缩机的输入端子和输出端子都位于线束插接器 BV08 上，车载充电机都位于线束插接器 BV10 上，电机控制器都位于线束插接器 BV11 上。VCU 的互锁输入端子为 CA66 上的端子 58，而输入端子为线束插接器 CA67 上的端子 76。根据吉利 EV450 电路图找到线束插接器 CA66 和 CA67 的端子图，定位线束插接器 CA66 的端子 58 和 CA67 的端子 76。

然后在实车上找到整车控制器（VCU），取下线束插接器 CA66 和 CA67，找到 CA66 的端子 58 和 CA67 的端子 76，即为整车控制器（VCU）在高压互锁回路中的互锁输入端子和互锁输出端子。

2. 吉利 EV450 电动汽车高压互锁回路故障诊断

整车控制系统报高压互锁故障的依据是从整车控制器（VCU）的线束插接器 CA67 的端子 76 发出的高压互锁信号（为占空比信号）与从 VCU 的线束插接器 CA67 的端子 76 回来的高压互

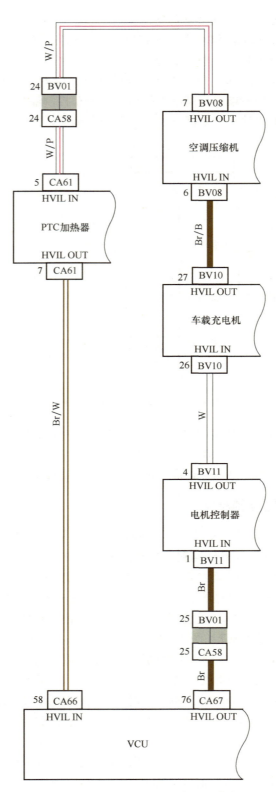

图 4-3-4 EV450 电动汽车的高压互锁电路

锁信号不一致。发生故障的主要原因是高压互锁回路在某处断开或短路，例如维修开关松开、各高压部件的插接件松动、互锁电路对 12V 电源短路或对地短路等。

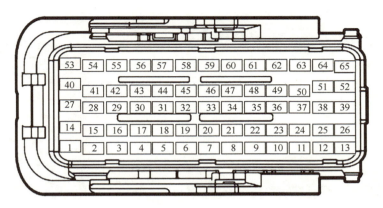

图 4-3-5　线束插接器 CA66

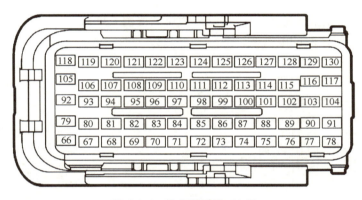

图 4-3-6　线束插接器 CA67

（1）步骤 1　打开启动开关后，蓄电池充电故障灯和系统故障警告灯亮起，READY 灯不亮；无法挂 D 档和 R 档；PTC 加热器和电动真空泵不工作。仪表显示如图 4-3-7 所示。

图 4-3-7　高压互锁故障仪表显示

（2）步骤 2　使用故障诊断仪获取故障码：P1C4096 高压互锁故障，如图 4-3-8 所示。

（3）步骤 3　故障诊断。

检修的思路是测量高压互锁信号在 VCU 输出端和输入端之间的电阻值；正常情况下该电阻应小于 2Ω，如果大于 2Ω，则说明有部件或线束断开或松脱，需进一步分段测量该电路的电阻值，锁定具体的断开点。其具体操作如下：

1）第 1 次测电阻，取下 VCU 的两个线束插接器 CA66 和 CA67，用万用表测量 CA66 的端子 58 和 CA67 的端子 76 之间的电阻值，应为无穷大，如图 4-3-9 所示。

图 4-3-8　高压互锁故障码

图 4-3-9　高压互锁故障诊断 1

2）第 2 次测电阻，用万用表的电阻档测量线束插接器 CA67 的互锁端子与线束插接器 CA58（图 4-3-10）的互锁端子之间的电阻值，电阻小于 2Ω，如图 4-3-11 所示。

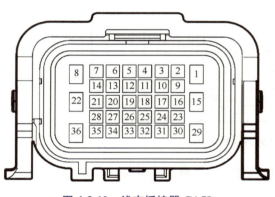

图 4-3-10　线束插接器 CA58

图 4-3-11　高压互锁故障诊断 2

3）第 3 次测电阻，用万用表的电阻档测量线束插接器 CA67 的互锁端子与线束插接器 BV01 的互锁端子之间的电阻值，电阻小于 2Ω。

4）第 4 次测电阻，用万用表的电阻档测量线束插接器 CA67 的互锁端子与线束插接器 BV11（图 4-3-12）的互锁输入端子之间的电阻值，电阻小于 2Ω，如图 4-3-13 所示。

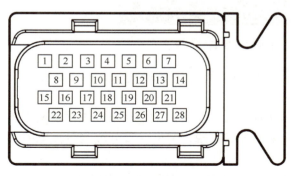

图 4-3-12　线束插接器 BV11

图 4-3-13　高压互锁故障诊断 3

5）第 5 次测电阻，用万用表的电阻档测量线束插接器 CA67 的互锁端子与线束插接器 BV11 的互锁输出端子之间的电阻值，电阻为无穷大。

根据图 4-3-4 所示的高压互锁回路，线束插接器 BV11 的互锁输入端子与线束插接器 CA67 的互锁端子导通，但线束插接器 BV11 的互锁输出端子与线束插接器 CA67 断路，因此怀疑车载充电机的高压互锁失效。为了进一步验证高压互锁回路是否存在其他故障，还应用万用表的电阻档测量线束插接器 CA66 的互锁端子与线束插接器 BV11 的互锁输出端子之间的电阻值，电阻小于 2Ω，如图 4-3-14 所示。

通过对高压互锁回路的全面检测，断路点锁定在电机控制器上。更换电机控制器后，再次排查，故障解除。如果在第 5 次测量后仍未发现故障，即线束插接器 CA67 的互锁端子与线束插接器 BV11 的互锁输出端子之间的电阻值小于 2Ω，则需沿高压互锁回路继续检查。

用万用表的电阻档测量线束插接器 CA67 的互锁端子与线束插接器 BV10（图 4-3-15）的互锁输入与输出端子之间的电阻值，应小于 2Ω。

图 4-3-14　高压互锁故障诊断 4

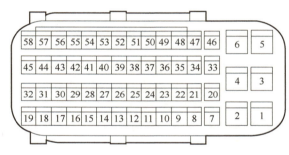

图 4-3-15　线束插接器 BV10

用万用表的电阻档测量线束插接器 CA67 的互锁端子与线束插接器 BV08（图 4-3-16）的互锁输入与输出端子之间的电阻值，应小于 2Ω。

用万用表的电阻档测量线束插接器 CA67 的互锁端子与线束插接器 CA61（图 4-3-17）的互锁输入与输出端子之间的电阻值，应小于 2Ω。

图 4-3-16　线束插接器 BV08

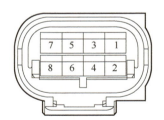

图 4-3-17　线束插接器 CA61

需要注意的是，在测量高压互锁回路的连接性时，当测量输入端子时可以拔下线束使用插针进行测量；当测量输出端子时则必须使用背插针的方式，因为当线束插头拔下时，高压互锁回路自然断开，从而无法准确找出高压互锁电路的故障原因。

此外，检测高压故障的方式并不唯一，上述方法为固定线束插接器 CA67 的互锁端子沿电路图逆时针方向进行检测；也可以固定线束插接器 CA66 的互锁端子沿电路图顺时针方向进行检测；也可以不固定端子，沿电路图一段一段地进行检测；还可以使用电路"二分法"的原则，通过不断缩小故障范围的方式确定故障原因。

学习任务四　混合动力汽车安全操作

任务描述

某丰田雷凌双擎混合动力汽车车主来 4S 店进行定期维护，在维修维护过程中发现：维修技师在更换发动机机油时并未穿戴任何绝缘护具，认为技师操作不规范，并向服务顾问进行投诉。如果你是这个服务顾问，你准备怎么给客服进行沟通、解释呢？

学习目标

1）能准确地描述混合动力汽车的安全操作要求。
2）能准确地识别混合动力汽车的高压部件。
3）能正确地完成混合动力汽车的安全检测。

相关知识

一、混合动力汽车安全操作要求

混合动力汽车是指采用传统的内燃机和电动机作为动力源，混合使用热能与电力两套动力系统的汽车。也就是说混合动力汽车即具有传统燃油汽车的动力系统，又兼具纯电动汽车的"三电"系统。那么混合动力汽车的安全操作要求应该更接近传统燃油车还是纯电动汽车呢？

对高压部件进行检修时必须要进行高压防护操作，因为虽然混合动力汽车的电压相对纯电动汽车而言较低，但是仍然远远高于人体的安全电压，因此在对混合动力汽车高压部件检修前必须做好相应的安全防护，如穿戴绝缘鞋和绝缘手套等。在对非高压部件进行操作时，可能无意碰触到高压部件，如果此时车辆存在高压故障则有可能发生安全事故，因此对混合动力汽车非高压部件操作时，如未进行高压防护则必须事先使用诊断仪确定该车辆不存在任何高压故障。如果不存在高压故障且仅对非高压部件进行操作时，高压断电后可以不进行相关高压防护；如果车辆存在高压故障，那么无论是否操作高压部件，任何操作都必须进行高压防护。

二、混合动力汽车的高压部件

混合动力汽车高压部件通常包括动力蓄电池、驱动电机、发电机、车载充电机、配电箱、电机控制器、高低压转换器、逆变器、PTC加热器、空调压缩机、充电口和高压线束等。这些部件与纯电动汽车上的高压部件基本一致，主要差异是混合动力汽车通常拥有单独的高压发电机。当动力蓄电池的电能不足时，可以通过发动机带动发电机旋转发电，从而为动力蓄电池提供电能或为驱动电机提供能量源。

以丰田雷凌双擎混合动力汽车为例，其发电机、发动机与驱动电机通过驱动桥分别与行星齿轮系统的太阳轮、行星架和齿圈相连，最后通过齿圈将动力传递给半轴与车轮。丰田雷凌双擎动力系统原理图如图4-4-1所示，其中1号电机为高压发电机，2号电机为驱动电机，借助发动机提供的动能与行星齿轮系统的啮合关系带动发电机旋转发电，从而实现混合动力汽车的原地发电和行驶中充电的功能。因为发电机所发出的电能需要为动力蓄电池进行充电，因此其电压不允许高于动力蓄电池的发电电压，所以混合动力汽车内的发电机也属于全车高压部件的范畴。

此外，丰田雷凌双擎混合动力汽车的配电箱、电机控制器、高低压变换器通常使用一体化

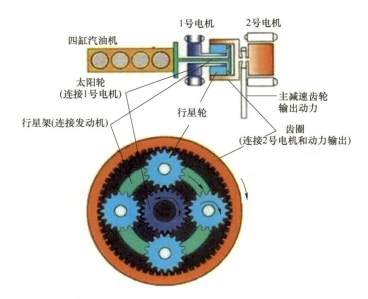

图 4-4-1　丰田雷凌双擎动力系统原理图

设计，并命名为逆变器总成。混合动力汽车的各高压部件与纯电动汽车中的相关部件的位置大致相同。丰田雷凌双擎逆变器位置如图 4-4-2 所示。

图 4-4-2　丰田雷凌双擎逆变器位置

需要注意的是：混合动力汽车由于需要保留发动机的排气系统管路，且排气管路的排气温度较高，因此通常不便于将动力蓄电池放置于车身底部，转而设置在后排座椅与行李舱之间（图 4-4-3）；同时，车载充电机放置在行李舱的备胎下方。

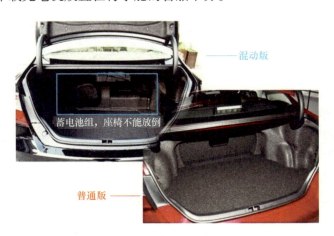

图 4-4-3　丰田雷凌双擎动力蓄电池位置

三、混合动力汽车安全检测

1. 混合动力汽车高压断电操作

混合动力汽车高压断电流程（图 4-4-4）和注意事项与纯电动汽车完全一致，只需要注意维修开关的位置。随着动力蓄电池的后置，混合动力汽车的维修开关通常设置在后排座椅扶手的后方，需按图 4-4-5 所示顺序转动后拆下维修开关。

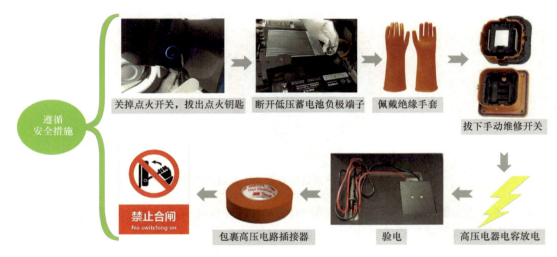

图 4-4-4　混合动力汽车高压断电流程

图 4-4-5　丰田雷凌双擎维修开关拆卸图

2. 混合动力汽车高压绝缘检测

混合动力汽车高压绝缘检测的方法与纯电动汽车高压绝缘检测的基本原则完全一致，检测方法基本相同。唯一需要注意的是：通常混合动力汽车的动力蓄电池电压会小于纯电动汽车，例如丰田雷凌双擎混合动力汽车的蓄电池电压只有 243V。因此在检测绝缘电阻时，绝缘电阻测试仪的档位通常选用 500V 档即可；同时，测试标准依然维持 500Ω/V 的标准不变。

3. 混合动力汽车高压互锁检测

混合动力汽车高压互锁检测方法与纯电动汽车基本相同，但是由于混合动力汽车相对纯电动汽车的电压较低、功率较小，因此其高压互锁回路上所包含的高压部件可能较少，例如丰田雷凌双擎的高压互锁回路仅包含：混合动力车辆控制 ECU、维修开关和连接线束。根据维修手册可以查找到混合动力车辆控制 ECU 的位置在前排乘员侧杂物箱的下方，如图 4-4-6 所示，其端子如图 4-4-7 所示。

其中，I2 线束端子 5 与 I3 线束端子 3 形成高压互锁的 ECU 监测端。如果一端发出的电压可以回到另一端则说明高压互锁回路正常，即维修开关安装正常，整车就可以上高压电。

同时，维修手册中给出了高压互锁的检测方法，与之前介绍的互锁回路测电阻寻找电路断点的方法不同，这里使用的是电阻法：即当维修开关正确安装并启动 ON 档时，I2 线束端子 5 与

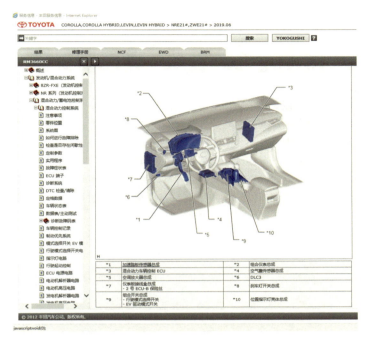

图 4-4-6　丰田雷凌双擎车辆控制 ECU 位置图

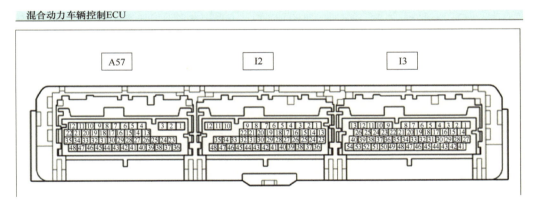

图 4-4-7　丰田雷凌双擎车辆控制 ECU 端子图

I3 线束端子 3 之间的电压差应小于 1.5V；当维修开关未正确安装并启动 ON 档时，I2 线束端子 5 与 I3 线束端子 3 之间的电压差应大于 11V。

如果使用之前介绍的电阻法检测也是可以的，尤其是在车辆故障无法通电的时候。使用电阻法检测时，需要分别测量 I2 线束端子 5 到维修开关座一端、I3 线束端子 3 到维修开关座另一端以及维修开关上高压互锁针脚间的电阻值，均应小于 2Ω。

参 考 文 献

［1］ 黄文进，尹爱华. 新能源汽车电学基础与高压安全［M］. 北京：机械工业出版社，2018.
［2］ 周云水. 低压电工作业［M］. 北京：中国电力出版社，2019.
［3］ 简玉麟，沈有福. 电动汽车使用与安全防护［M］. 北京：中国电力出版社，2018.
［4］ 吴荣辉，金朝昆. 新能源汽车高压安全与防护［M］. 北京：机械工业出版社，2021.
［5］ 陈仁波. 纯电动汽车维护与保养［M］. 北京：科学出版社，2021.
［6］ 郑振，侯长剑，蒋志杰. 新能源汽车高压安全与防护［M］. 上海：上海交通大学出版社，2018.
［7］ 黄仁义，鲁守卿，闫云敬. 纯电动汽车维护与保养［M］. 成都：电子科技大学出版社，2021.
［8］ 李晶华，李穗萍. 新能源汽车使用与维护［M］. 北京：机械工业出版社，2018.
［9］ 包丕利. 新能源汽车维护与保养［M］. 北京：机械工业出版社，2017.
［10］ 姜丽娟. 新能源汽车高压电安全［M］. 北京：中国劳动社会保障出版社，2020.